# 高校入試対策

## 英語リスニング 練習問題

### 実践問題集　熊本県版 2025年春受験用

JN131784

## contents

教英出版

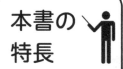

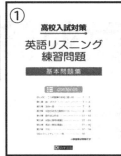

## ① 基本問題集（別冊）

英語リスニング問題を**7章の出題パターン別**に練習できる問題集です。
熊本県公立高校入試の英語リスニング問題の**出題パターンを重点的**に練習できます。

## ② 解答集（別冊）

①基本問題集の解答・解説・放送文・日本語訳などを収録。すべての問題の**放送文と日本語訳を見開きページで見る**ことができ，**単語や表現を1つずつ照らし合わせながら復習**ができます。

## ③ 実践問題集熊本県版（この冊子）

熊本県公立高校入試の**過去問題（2回分）**と，形式が似ている**実践問題（3回分）**を収録。
熊本県公立高校入試の**出題パターンの把握や入試本番に向けての練習**に最適です。

---

# 実践問題集 熊本県版
# の特長と使い方

過去の熊本県公立高校入試で**実際に出題された**問題です。

熊本県公立高校入試と**出題パターンが似ている**問題です。

2ページの**過去の典型的な出題パターンと対策**で出題パターンを把握してから，**過去問題と実践問題**に進んでください。問題を解いた後に解答例と解説を見て，**答えにつながる聴き取れなかった部分を聴き直す**と効果的です。別冊の**基本問題集**で**出題パターン別**に練習して，**出題パターンに合った実力**をつけてからこの冊子に進むと，**過去問題と実践問題**をよりスムーズに解くことができます。

**◀◀) 音声の聴き方**

教英出版ウェブサイトの「**ご購入者様のページ**」に下記の「**書籍ID番号**」を入力して音声を聴いてください。

**ID 163044** （有効期限 2025年9月）　　　IDの入力はこちらから→

過去の典型的な出題パターンと対策

▶ 絵・グラフ… 対話や英文を聞き，絵やグラフを選ぶ　別冊　第1章

放送文

(Aya): I visited Okinawa for three days last week.
(Bob): That's nice. It's snowy here today, but how was the weather in Okinawa?
(Aya): It was rainy on the first day. But on the second day it was cloudy, and on the third day it was sunny at last.
Question: How was the weather when the girl arrived in Okinawa?

対話を聞いて，質問に合う絵を**ア**～**エ**から1つ選び，記号を書きなさい。

問題

ア　晴れ　　イ　くもり　　ウ　雨　　エ　雪

▶ 対話や英文と質問(1つ)… 対話や英文を聞き，質問の答えを選ぶ　別冊　第3章

放送文

A : What do you want to eat for lunch?
B : Well... I'd like to have an omelet and some coffee. How about you, Tomoya?
A : I'm very hungry. So I'd like to have a hamburger and some milk.
B : Then, shall we eat at a cafeteria near the station?
質問します。　What is Tomoya going to have for lunch?

対話を聞いて，質問に合うものを**ア**～**エ**から1つ選び，記号を書きなさい。

問題

**ア**. An omelet and some coffee.　　**イ**. An omelet and some milk.
**ウ**. A hamburger and some coffee.　　**エ**. A hamburger and some milk.

▶ 英文と質問(複数)… 英文を聞き，複数の質問の答えを選ぶ　別冊　第6章

放送文

　Now I'm going to talk about my classes in Japan. We often make groups and learn a lot of things from each other. Talking with the group members is very important for us because we can share different ideas. Here in America, I want to enjoy classes. So I will try to exchange ideas with you in English.

Questions: No. 1　Why does Sakura talk in groups during her classes in Japan?
　　　　　　No. 2　What does Sakura want to say in her speech?

英文を聞いて，それぞれの質問に合うものを**ア**～**エ**から1つ選び，記号を書きなさい。

問題

No. 1 **ア**　To make groups.
　　　**イ**　To write a letter.
　　　**ウ**　To share different ideas.
　　　**エ**　To see many friends.

No. 2 **ア**　How she learns in her classes.
　　　**イ**　Which university she wants to go to.
　　　**ウ**　When she decided to go to America.
　　　**エ**　Who taught her English in Japan.

Point

# 対策ポイント

さまざまなパターンの問題が出題される。別冊の基本問題集とこの冊子の過去問題，実践問題を使ってどのようなパターンの問題にも対応できるよう練習しておこう。音声を聞く前に問題を見て，できる限り準備しよう。

次のＡ，Ｂ，Ｃ，Ｄの問題は，リスニングテストです。

Ａ　放送を聞いて，それぞれの英文の内容を表している図として，最も適当なものをア～エから一つ選び，記号で答えなさい。**英文は１回ずつ放送します。**

1　〈図書館にて〉

2　〈空港にて〉

| ア | イ | ウ | エ |
|---|---|---|---|
| 運航状況のご案内 | 運航状況のご案内 | 運航状況のご案内 | 運航状況のご案内 |

| 便名 | KMA123 |
|---|---|
| 行先 | 熊本 |
| 備考 | 15分遅れ |

| 便名 | KMA123 |
|---|---|
| 行先 | 熊本 |
| 備考 | 50分遅れ |

| 便名 | KMA123 |
|---|---|
| 行先 | 東京 |
| 備考 | 15分遅れ |

| 便名 | KMA123 |
|---|---|
| 行先 | 東京 |
| 備考 | 50分遅れ |

Ｂ　放送を聞いて，それぞれのチャイムのところに入る対話の応答として，最も適当なものをア～エから一つ選び，記号で答えなさい。**英文は１回ずつ放送します。**

1　〈友人同士の対話〉
　　ア　Every Sunday.
　　イ　In front of the school.
　　ウ　At 11:30 a.m.
　　エ　For two hours.

2　〈ホームパーティーでの対話〉
　　ア　No, I didn't.
　　イ　Yes, please.
　　ウ　Here's your change.
　　エ　I can't drink coffee.

C 放送を聞いて，それぞれの質問に対する答えとして，最も適当なものをア〜エから一つ選び，記号で答えなさい。英文は2回ずつ放送します。

1 ア Yes, she has.　　イ No, she hasn't.　　ウ Yes, she does.　　エ No, she doesn't.

2 He wants to（ ア live in Japan longer　　イ make his favorite Japanese food

　　　　　　　　ウ go back to America　　エ practice making American food ）.

3 ア He visited Osaka with his friends.　　イ He went to Osaka Castle on the last day.

　 ウ He enjoyed eating *takoyaki*.　　エ He couldn't go shopping.

D 放送を聞いて，「黒板」の ① 〜 ③ に適当な英語を1語で書きなさい。また，「質問に対する答え」では ④ に適当な英語を2語で書き，答えとなる文を完成させなさい。英文は2回放送します。

「黒板」

- Kenta : Some Internet users should have enough time to ① .
- Yuka : We need more ② to support more people in the world.
- Nana : More people should ③ using plastic bags at shops.

「質問に対する答え」

They will talk about what they should do to ④ in the next class.

| A | 1 | | 2 | | | |
|---|---|---|---|---|---|---|
| B | 1 | | 2 | | | |
| C | 1 | | 2 | | 3 | |
| D | ① | | ② | | ③ | |
| | ④ | They will talk about what they should do to | | | | in the next class. |

# 過去問題 A 放送文

ただ今から，放送によるリスニングテストを行います。英文は，A，B は 1 回ずつ，C，D は 2 回ずつ放送します。

では，A の問題にはいります。No. 1 と No. 2 には，それぞれア，イ，ウ，エの四つの図があります。放送を聞いて，それぞれの英文の内容を表している図として，最も適当なものをア，イ，ウ，エから一つ選び，記号で答えなさい。英文は 1 回ずつ放送します。
では，始めます。
No. 1　Look at this picture.　　In this library, we cannot eat or drink.
No. 2　（空港のチャイム）　　Now it's raining very hard here at Tokyo Airport, so KMA 123 to Kumamoto will leave 15 minutes late.

B の問題にはいります。今から No. 1 と No. 2 の二つの対話を放送します。それぞれの対話の最後に，次のチャイムが鳴ります。（チャイム音）放送を聞いて，それぞれのチャイムのところに入る対話の応答として，最も適当なものをア，イ，ウ，エから一つ選び，記号で答えなさい。英文は 1 回ずつ放送します。
では，始めます。(M：男性　　F：女性)
No. 1　M　：　Let's go to the movies tomorrow.
　　　　F　：　OK.　　But I have a piano lesson in the morning.
　　　　M　：　I see.　　When will it finish?
　　　　F　：　（チャイム）
No. 2　M　：　How about this cake?　　I made it.　　Do you like it?
　　　　F　：　Yes.　　It's very good.
　　　　M　：　I'm glad you like it.　　Do you want some more?
　　　　F　：　（チャイム）

C の問題にはいります。陽子と留学生のジムとの対話を聞いて答える問題です。No. 1 から No. 3 までそれぞれの対話のあとで，その内容について英語で質問します。放送を聞いて，それぞれの質問に対する答えとして，最も適当なものをア，イ，ウ，エから一つ選び，記号で答えなさい。英文は 2 回ずつ放送します。
では，始めます。
No. 1　Jim　　　：　Can you help me with my homework now, Yoko?
　　　　Yoko　　：　Sorry, I can't, Jim.　　I have to practice judo.
　　質問します。　　Does Yoko have time to help Jim now?
　　くり返します。（省略）
No. 2　Yoko　　：　Jim, you have stayed in Japan for five months, right?　　What's your favorite Japanese food?
　　　　Jim　　　：　Well, I like tempura the best.　　I want to make it for my family after going back to America.
　　　　Yoko　　：　Sounds great!　　Let's practice making tempura this weekend.
　　質問します。　　What does Jim want to do in America for his family?
　　くり返します。（省略）
No. 3　Yoko　　：　Did you enjoy your vacation, Jim?
　　　　Jim　　　：　Yes.　　My family came to Japan and we went to Osaka for three days.
　　　　Yoko　　：　Wow.　　What did you do there?
　　　　Jim　　　：　On the first day, we went to Osaka Castle.　　I think it's the best place to visit in Osaka.　　The next day, we had many popular foods in Osaka.　　I really loved *takoyaki*.　　We ate it on the street and it was fun.　　On the last day, we went to some shops near the hotel.　　We enjoyed shopping there.
　　質問します。　　Which is true about Jim?
　　くり返します。（省略）

D の問題にはいります。今から，スミス先生が 3 人の生徒の発表後に話したことと，それについての質問を放送します。「黒板」には，3 人の発表内容が書いてあります。放送を聞いて，「黒板」の①，②，③に適当な英語を 1 語で書きなさい。また，「質問に対する答え」では④に適当な英語を 2 語で書き，答えとなる文を完成させなさい。英文は 2 回放送します。
では，始めます。
Ms. Smith　：　In this class, we talked about today's world.　　Kenta said the Internet is very useful, but some people use the Internet at night and spend too much time on it.　　So he said they should sleep longer.　　Yuka said there are more people living in the world, and more food is needed to support those people.　　Nana said many people still use plastic bags for shopping, but we should change this situation.　　So she said they should start using their own bags.　　Kenta, Yuka, Nana, and all the other students, thank you very much.　　Now, I'll tell you about the next class.　　In the world, many animals are losing their places to live, because we are cutting down a lot of trees to build houses or make roads in many places.　　So, for protecting animals, we should think about what to do.　　Let's talk about it in the next class.
　　質問します。　　What will the students talk about in the next class?
　　くり返します。（省略）

# 過去問題 B

次のＡ，Ｂ，Ｃ，Ｄの問題は，リスニングテストです。

Ａ　放送を聞いて，それぞれの内容を表している絵として，最も適当なものをア〜エから一つ選び，記号で答えなさい。**英文は１回のみ放送します。**

1

2

| | | 月 | 火 | 水 | 木 | 金 | 土 |
|---|---|---|---|---|---|---|---|
| **診療時間のお知らせ** | | | | | | | |
| ア | 午前 | ○ | ○ | ○ | 休 | ○ | ○ |
| | 午後 | ○ | ○ | ○ | 休 | ○ | 休 |
| | ○が診療時間 | | | | | | |

| | | 月 | 火 | 水 | 木 | 金 | 土 |
|---|---|---|---|---|---|---|---|
| **診療時間のお知らせ** | | | | | | | |
| イ | 午前 | ○ | ○ | ○ | ○ | ○ | 休 |
| | 午後 | ○ | ○ | 休 | ○ | ○ | 休 |
| | ○が診療時間 | | | | | | |

| | | 月 | 火 | 水 | 木 | 金 | 土 |
|---|---|---|---|---|---|---|---|
| **診療時間のお知らせ** | | | | | | | |
| ウ | 午前 | ○ | ○ | ○ | ○ | ○ | 休 |
| | 午後 | ○ | ○ | ○ | 休 | ○ | 休 |
| | ○が診療時間 | | | | | | |

| | | 月 | 火 | 水 | 木 | 金 | 土 |
|---|---|---|---|---|---|---|---|
| **診療時間のお知らせ** | | | | | | | |
| エ | 午前 | ○ | ○ | 休 | ○ | ○ | 休 |
| | 午後 | ○ | ○ | 休 | ○ | ○ | 休 |
| | ○が診療時間 | | | | | | |

Ｂ　放送を聞いて，それぞれのチャイムのところに入る対話の応答として，最も適当なものをア〜エから一つ選び，記号で答えなさい。**英文は１回のみ放送します。**

1　ア　I like it.
　　イ　It's useful.
　　ウ　My brother did.
　　エ　To my father.

2　ア　For a week.
　　イ　One year ago.
　　ウ　Sure.
　　エ　When I was eleven.

C 放送を聞いて，それぞれの質問に対する答えとして，最も適当なものをア～エから一つ選び，記号で答えなさい。英文は2回ずつ放送します。

1　ア　Yes, he is.　　イ　No, he isn't.　　ウ　Yes, he does.　　エ　No, he doesn't.

2　She will call him （　ア　this afternoon　　イ　next week　　ウ　during the school trip　エ　this evening ）.

3　He will tell her about （　ア　Yoko's team which will join　　イ　their practice for　ウ　people who will watch　　エ　the work he will do for ） the games.

D 放送を聞いて，「美香のメモ」の　①　～　③　に適当な英語を1語で書きなさい。また，「質問に対する答え」では，good または bad のうち適当なものを選んで◯で囲み，　④　に適当な英語を2語で書き，答えとなる文を完成させなさい。英文は2回放送します。

「美香のメモ」

| 名前 | 賛否 | 理由等 |
|---|---|---|
| Nana | 【 (good) / bad 】 | Students can enjoy 　①　 food during their school lunch. |
| Takeshi | 【 good / (bad) 】 | He still feels 　②　 after eating school lunch. |
| Ayaka | 【 (good) / bad 】 | Students can eat food which is good for their 　③　 . |

「質問に対する答え」

He thinks it is 【 good / bad 】 because many people don't 　④　 to make lunch every morning.

| A | 1 | | 2 | | | |
|---|---|---|---|---|---|---|
| B | 1 | | 2 | | | |
| C | 1 | | 2 | | 3 | |

| D | ① | | ② | | ③ | |
|---|---|---|---|---|---|---|
| | ④ | He thinks it is 【 good / bad 】 | | | | |
| | | because many people don't ____ to make lunch every morning. | | | | |

では，Aの問題にはいります。No.1とNo.2には，それぞれア，イ，ウ，エの四つの絵があります。放送を聞いて，それぞれの内容を表している絵として，最も適当なものをア，イ，ウ，エから一つ選び，記号で答えなさい。英文は1回のみ放送します。

では，始めます。

No.1　A child is running with a dog.

No.2　The hospital opens from Monday to Friday, but it closes in the afternoon on Wednesday.

Bの問題にはいります。今からNo.1とNo.2の二つの対話を放送します。それぞれの対話の最後に，次のチャイムが鳴ります。(チャイム音)放送を聞いて，それぞれのチャイムのところに入る対話の応答として，最も適当なものをア，イ，ウ，エから一つ選び，記号で答えなさい。英文は1回のみ放送します。

では，始めます。(M：男性　　F：女性)

No.1　M　：　I like your bag.
　　　F　：　Thank you.　I got this as a birthday present.
　　　M　：　Who gave it to you ?
　　　F　：　（チャイム）

No.2　M　：　Have you ever been abroad ?
　　　F　：　Yes.　I've been to China once.
　　　M　：　How long did you stay ?
　　　F　：　（チャイム）

Cの問題にはいります。陽子と留学生のジムとの対話を聞いて答える問題です。No.1からNo.3までそれぞれの対話のあとで，その内容について英語で質問します。放送を聞いて，それぞれの質問に対する答えとして，最も適当なものをア，イ，ウ，エから一つ選び，記号で答えなさい。英文は2回ずつ放送します。

では，始めます。

No.1　Yoko　：　Why did you come to Japan, Jim ?
　　　Jim　：　I learned karate in Australia and got interested in Japanese culture.　So I wanted to come here.
　　　Yoko　：　Oh !　Are you going to join a karate club ?
　　　Jim　：　No, I'm not.　I'll try new things.
　　質問します。　Is Jim going to join a karate club in Japan ?
　　くり返します。(省略)

No.2　Yoko　：　We'll have a school trip next week.　Do you have time to talk about it, Jim ?
　　　Jim　：　Sorry, Yoko.　I'm busy now, and I'm going to play tennis with my friends in the afternoon.
　　　Yoko　：　Then, can I call you this evening at seven ?
　　　Jim　：　Yes, please.
　　質問します。　When will Yoko call Jim ?
　　くり返します。(省略)

No.3　Jim　：　The World Volleyball Games are coming to Kumamoto next month.　Have you heard about them, Yoko ?
　　　Yoko　：　Yes, Jim.　I'm on the volleyball team, and I practice it very hard.　So I really want to watch them.
　　　Jim　：　Well, I'm going to work as a volunteer.　I'll help people who will come to watch the games.
　　　Yoko　：　Wow, that's great.　I want to join you.
　　　Jim　：　OK.　I'll tell you what to do.
　　質問します。　What is Jim going to tell Yoko about ?
　　くり返します。(省略)

Dの問題にはいります。今から，スミス先生が授業で話したことと，それについての質問を放送します。「美香のメモ」は，授業の内容を美香がまとめたものです。放送を聞いて，「美香のメモ」の①，②，③に適当な英語を1語で書きなさい。また，「質問に対する答え」では，good または bad のうち適当なものを選んで丸で囲み，④に適当な英語を2語で書き，答えとなる文を完成させなさい。英文は2回放送します。

では，始めます。

Mr. Smith　：　Good morning, everyone.　Today, we're going to talk about school lunch.　I got some ideas from your homework. I'm going to tell you about them.　First, Nana thinks school lunch is good because we can enjoy a hot lunch.　She says she doesn't want to eat cold food.　Second, Takeshi thinks school lunch is not good because he wants to eat more.　Next, Ayaka thinks school lunch is good because students can eat many kinds of food which are good for their health.　Finally, Keita says some students don't like school lunch because they want to eat their favorite food.　But he thinks many people are too busy to make lunch every morning.　So Keita thinks school lunch is good.　Thank you for your interesting ideas.

　　質問します。　What does Keita think about school lunch ?
　　くり返します。(省略)

# 実践問題 A

放送を聞いて，次の(1)~(3)の問いに答えなさい。

(1) これから英文を読み，それについての質問をします。それぞれの質問に対する答えとして最も適当なものを，次のア～エから一つずつ選び，その符号を書きなさい。

1　ア　On Sunday, November 22.　　イ　On Monday, November 23.
　　ウ　On Tuesday, November 24.　　エ　On Wednesday, November 25.

2　ア　Here you are.　　イ　How about you?
　　ウ　No, thank you.　　エ　See you later.

3　ア　Baseball.　　イ　Basketball.
　　ウ　Tennis.　　エ　Volleyball.

4　ア　Betty and her brother.　　イ　Betty and her father.
　　ウ　Betty and her mother.　　エ　Betty's father and mother.

(2) これから英語で対話を行い，それについての質問をします。それぞれの質問に対する答えとして最も適当なものを，次のア～エから一つずつ選び，その符号を書きなさい。

1　ア　Yes, he has.　　イ　No, he hasn't.
　　ウ　Yes, he will.　　エ　No, he won't.

2　ア　About music.　　イ　About school.
　　ウ　About the station.　　エ　About the weather.

3　ア　The blue T-shirt.　　イ　The red T-shirt.
　　ウ　The white T-shirt.　　エ　The yellow T-shirt.

4

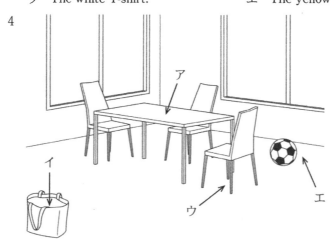

(3) これから，留守番電話に録音された，ケビン(Kevin)からのあなたへのメッセージを再生します。そのメッセージについて，二つの質問をします。それぞれの質問の答えを，3語以上の英文で書きなさい。

| (1) | 1 | | 2 | | 3 | | 4 | |
|---|---|---|---|---|---|---|---|---|
| (2) | 1 | | 2 | | 3 | | 4 | |

| (3) | 1 | |
|---|---|---|
| | 2 | |

(1) 1 Today is Tuesday, November 24. My sister Yuzuki went to Kyoto yesterday.
Question: When did Yuzuki go to Kyoto?

2 You are doing homework with Hiroki. He says to you, "Can I use your dictionary?"
Question: What will you say to Hiroki if you want him to use your dictionary?

3 Yamato asked his classmates about their favorite sports. Baseball, basketball, tennis, and volleyball were popular in his class. Basketball was more popular than baseball and volleyball, and tennis was more popular than basketball.
Question: Which sport was the most popular in Yamato's class?

4 Betty wanted to go to the museum last Sunday. Her father and mother were too busy to go there, so Betty asked her brother to come there with her. They enjoyed looking at beautiful pictures in the museum.
Question: Who went to the museum last Sunday?

(2) 1 A: John, have you finished your homework?
B: Sure. I did it last night.
A: That's good.
Question: Has John finished his homework?

2 A: It's raining.
B: Yes, but today's morning news said, "It will be sunny in the afternoon."
A: Really? I'm glad to hear that.
Question: What are these two people talking about?

3 A: What will you buy, Ken?
B: I want a new T-shirt. This blue one is nice, but too large for me.
A: Look, this yellow T-shirt is cool. Wait, this is large, too. This white one is not so good. Well, how about this red T-shirt? This is nice, and smaller than those blue and yellow ones.
B: Can I see it? Wow, it looks so nice. I'll take it.
Question: Which T-shirt will Ken buy?

4 A: What are you doing, Nick?
B: Hi, Mom. I'm looking for my watch. Have you seen it?
A: No. Where did you put it last night?
B: I think I put it on the table, but there isn't anything on the table.
A: Did you look under the chairs?
B: Yes, but I couldn't find it there. And I couldn't find it in my bag.
A: Let me see. Oh, look! There is something by the soccer ball.
B: Really? That's my watch! Thank you.
Question: Where has Nick found his watch?

(3) Hello. This is Kevin. Are you free next Saturday? I'm going to go out with Saki. We'll be glad if you can join us. We'll meet at the station at ten o'clock and then go shopping. After that, we're going to have lunch at my favorite restaurant. The food is good, so you'll like it. The restaurant is in front of the library. Please call me back later. Bye.

Question 1 Do Kevin and Saki want to go out with you next Saturday?
2 Where is Kevin's favorite restaurant?

# 実践問題 B

放送を聞いて答える問題

1 これから短い英文を読みます。英文は(1)～(5)まで５つあります。それぞれの英文を読む前に，日本語で内容に関する質問をします。その質問に対する答えとして最も適切なものを，ア～エから１つずつ選び，符号で書きなさい。なお，英文は２回ずつ読みます。

(1)
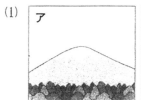  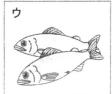 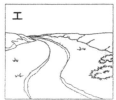

(2)

(3)　ア　why don't you send them with your message?

　　イ　will you send a present to her?

　　ウ　you should not give flowers to her.

　　エ　she can give them to you.

(4)

| | Name of the Movie | Time | Language |
|---|---|---|---|
| ア | A Beautiful Season | 10:00 a.m.～11:45 a.m. | Japanese |
| イ | Great Family | 10:00 a.m.～11:45 a.m. | English |
| ウ | A Beautiful Season | 2:00 p.m.～ 3:45 p.m. | English |
| エ | Great Family | 2:00 p.m.～ 3:45 p.m. | Japanese |

| | |
|---|---|
| | (1) |
| | (2) |
| 1 | (3) |
| | (4) |
| | (5) |

(5) ア Bob is going to visit both the city library and the city museum.

イ Bob is going to write a report with his teacher.

ウ Bob will visit Ms. Tanaka because she works at the library.

エ Bob will visit the city museum first to meet Ms. Tanaka.

2 これから読む英文は，中学生の信二（Shinji）とベーカー先生（Ms. Baker）が話をしているときのものです。この英文を聞いて，(1)，(2)の問いに答えなさい。なお，英文は 2 回読みます。

英文を聞く前に，まず，(1)，(2)の問いを読みなさい。

(1) 次の①〜③に対する答えを，信二とベーカー先生の会話の内容に即して，英語で書きなさい。ただし，解答用紙の＿＿＿＿の部分には 1 語ずつ書くこと。

① How often does Shinji work as a member of 'Nature Club'?

答え He works every ＿＿＿＿.

② Who told Shinji about 'Nature Club'?

答え His ＿＿＿＿ told him about it.

③ What does Shinji want to do through his activities?

答え He wants to ＿＿＿＿ their future.

(2) 信二とベーカー先生の会話の内容に合っているものを，ア〜エから 1 つ選び，符号で書きなさい。

ア Shinji and Ms. Baker cleaned a river together.

イ Shinji cleaned a river last weekend, but he could not enjoy it.

ウ Shinji has been a member of 'Nature Club' for about three years.

エ Shinji says he wants to clean Mt. Fuji next year.

| 2 | (1)① He works every ＿＿＿＿＿＿＿＿＿. |
| | (1)② His ＿＿＿＿＿＿＿＿＿ told him about it. |
| | (1)③ He wants to ＿＿＿＿＿＿＿＿＿ their future. |
| | (2) |

## 実践問題B　放送文

**放送を聞いて答える問題**

**1**

これから短い英文を読みます。英文は(1)から(5)まで5つあります。それぞれの英文を読む前に，日本語で内容に関する質問をします。その質問に対する答えとして最も適切なものを，アからエから1つずつ選び，符号で書きなさい。なお，英文は2回ずつ読みます。

(1) これから読む英文は，ある絵について説明しているときのものです。何について説明しているのでしょう。

Many people like to go there.　We can find many kinds of fish in it.　We can also enjoy swimming there. We don't have this in Gifu.

(2) これから読む英文は，賢治（ Kenji ）と友達のエミリー（ Emily ）が買い物をしているときの会話です。2人は何を見ながら話をしているのでしょう。

*Kenji :*　Emily, I like this one.

*Emily :*　This is so cool, Kenji.　It's so big that you can even put a basketball in it.

*Kenji :*　I always have many things to carry, so I like the size.　I also like the design because it has a big star on it.

*Emily :*　I agree.　You should buy it.

(3) これから読む英文は，里奈（ Rina ）とトム（ Tom ）との会話です。その会話の最後で，トムがひとこと付け加えるとすると，どの表現が最も適切でしょう。なお，トムがひとこと付け加えるところで，チャイムが鳴ります。

*Rina :*　I want to give a birthday present to my mother.　Do you have any ideas, Tom?

*Tom :*　Well, last year I gave my mother some flowers.　She loved them.

*Rina :*　That's nice.　Then, I will send pink flowers because it's her favorite color.

*Tom :*　That's a good idea.　And （チャイムの音）

(4) これから読む英文は，道夫（ Michio ）と留学生のアン（ Anne ）との会話です。2人が見に行こうとしている映画はどれでしょう。

*Michio :*　Anne, how about going to see 'A Beautiful Season'?

*Anne :*　Oh, I've already watched it, Michio.　Do you know 'Great Family'?　I've heard it is fun.

*Michio :*　That sounds good.　Well, are you free tomorrow morning?

*Anne :*　I'm sorry, I have to go to a piano lesson in the morning.　Let's see it in the afternoon.

*Michio :*　No problem.　We can watch it in Japanese or English.　Which do you like?

*Anne :*　I don't understand Japanese well, but I want to try.

*Michio :*　OK.

(5) これから読む英文は，留学生のボブ（ Bob ）が調べ学習の計画について発表をしているときのものです。ボブの発表の内容に合っているものはどれでしょう。

First, I'm going to borrow some books from the city library to learn about the history of this city. Then, I'd like to visit Ms. Tanaka. She worked at the city museum before and knows a lot about this city. I want to ask her some questions about the city. After I meet Ms. Tanaka, I'm going to visit the city museum to see many things about the history. I think that they will give me more information. Finally, I'm going to write a report and show it to my teacher.

## 2

これから読む英文は，中学生の信二（ Shinji ）とベーカー先生（ Ms. Baker ）が話をしているときのものです。この英文を聞いて，(1)，(2)の問いに答えなさい。なお，英文は２回読みます。英文を聞く前に，まず，(1)，(2)の問いを読みなさい。
（間３０秒）では，始めます。

| | |
|---|---|
| *Shinji :* | Good morning, Ms. Baker. |
| *Ms. Baker :* | Good morning, Shinji. How was your weekend? |
| *Shinji :* | I had a great time. I worked as a member of 'Nature Club'. |
| *Ms. Baker :* | 'Nature Club'? What is it? |
| *Shinji :* | It's like a volunteer group. |
| *Ms. Baker :* | I see. Can you tell me more about 'Nature Club'? |
| *Shinji :* | Of course. The members meet every month. We talk about how we can protect nature and work together for that. For example, we grow plants and clean our city. Last time we cleaned a river. I felt sad to see a lot of plastic bags or paper in the river, but after cleaning I felt happy. |
| *Ms. Baker :* | That's nice! When did you join 'Nature Club' for the first time? |
| *Shinji :* | About three years ago. My brother told me about it. |
| *Ms. Baker :* | I see. Why did you decide to work as a volunteer? |
| *Shinji :* | I became interested in volunteer activities when I saw a TV program. It was about climbing Mt. Fuji for cleaning. Now I enjoy 'Nature Club' very much. |
| *Ms. Baker :* | You're great! |
| *Shinji :* | I want to continue these activities and improve our future. |
| *Ms. Baker :* | I hope you will enjoy your work and make our future better! |
| *Shinji :* | Thank you, I will. |

# 実践問題 C

放送を聞いて, 問題1 , 問題2 , 問題3 , 問題4 に答えよ。

問題1 英語の短い質問や呼びかけを聞き, その後に読まれるア, イ, ウ, エの
英語の中から, 答えとして最も適当なものを一つずつ選ぶ問題

※記号で答えよ。問題は3問ある。

問題2 表を見て, 質問に答える問題

※答えとして最も適当なものを表の中から抜き出して答えよ。

(1)

| Train | Green Station | Spring Station | |
|---|---|---|---|
| A | 9:10 | 9:35 | 2 dollars |
| B | 9:20 | 10:05 | 2 dollars |
| C | 9:25 | 9:50 | 2 dollars |
| D | 9:40 | 9:55 | 3 dollars |

(2)

| Movie | Time | | | |
|---|---|---|---|---|
| | 10:00~ | 12:30~ | 14:30~ | 16:00~ |
| Japanese movie | / | Drama | | |
| Foreign movie | Drama | / | Animal | Sports |

問題3 美佳 (Mika) と留学生のケビン (Kevin) の対話を聞いて, 質問に答える問題

※答えとして最も適当なものをア, イ, ウ, エの中から一つずつ選び,
記号で答えよ。

(1) ア Yes, he does.
イ No, he doesn't.
ウ Yes, he is.
エ No, he isn't.

(2) ア She asked Kevin many questions about writing English.
イ She got many letters in English from her teacher in Australia.
ウ She wrote many letters in English to her friends in America.
エ She showed her friends a lot of books in English about America.

(3) ア Practicing swimming with her is important for him.
イ Writing letters in English is important for him.
ウ Using Japanese in communication is important for him.
エ Speaking about his new school is important for him.

| 問題1 | (1) | | (2) | | (3) | |
|---|---|---|---|---|---|---|
| 問題2 | (1) | | | (2) | | |
| 問題3 | (1) | | (2) | | (3) | |

**問題4** 英文を聞いて，質問に答える問題

〈問1〉 和也（Kazuya）が，国際交流センターでのイベント〔Culture Day〕で，チラシを
見ながら説明を受ける。それを聞いて，(1)〜(3)の質問に答えよ。

※(1)はア，イ，ウ，エの中から一つ選び**記号**で，(2)は（　）内にそれぞれ
**1語の英語**で，(3)は**4語以上の英語**で答えよ。

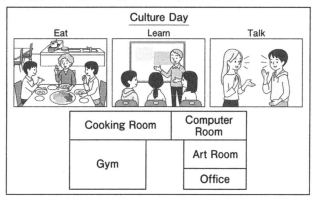

(1) Which country's food can Kazuya eat in the Cooking Room?

ア　Food from France.

イ　Food from Canada.

ウ　Food from China.

エ　Food from India.

(2) What can Kazuya see from one o'clock in the Art Room?

　　He can see many （　　　　　　）（　　　　　　） of the festivals.

(3) Kazuya is going to meet the students from Canada in the Gym. What does he need
to do at the Office before that?

〈問2〉 英語の指示にしたがって答えよ。 ※**4語以上の英語**で文を書け。

| | | | |
|---|---|---|---|
| **問題4** | 問1 | (1) | |
| | | (2) | He can see many<br>(　　　　　　) (　　　　　　) of the festivals. |
| | | (3) | |
| | 問2 | | - - - - - - - - - - - - - - - - - - - - - - - - - - - |

問題は, 問題1 から 問題4 まであります。なお, 放送中にメモをとってもかまいません。
英語はそれぞれ2回繰り返します。

（2連続音チャイム ○–○）
　それではテストを始めます。 問題1 を見なさい。これから, 英語で短い質問や呼びかけをします。その後に続けて読まれるア, イ, ウ, エの英語の中から, 答えとして最も適当なものを一つずつ選び, 記号で答えなさい。問題は3問あります。それでは始めます。

(1) Bob, I'm free tomorrow. Let's go shopping.
　　ア　Yes, I am.　　　　イ　No, you don't.　　　ウ　That's a good idea.　　エ　Nice to meet you.
　　　　　（繰り返し）
(2) Mike, how long did you study last night?
　　ア　Every night.　　　　イ　For two hours.　　　ウ　At ten thirty.　　　エ　On Monday.
　　　　　（繰り返し）
(3) Excuse me, I'm looking for the bookstore. Do you know where it is?
　　ア　Yes, it is.　　　　イ　No, it isn't.　　　　ウ　On the desk.　　　エ　In front of the hospital.
　　　　　（繰り返し）

（2連続音チャイム ○–○）
問題2 を見なさい。これから, 表について英語で質問します。その答えとして最も適当なものを, 表の中から抜き出して答えなさい。それでは始めます。

(1) Tom is at Green Station and wants to go to Spring Station by train. It's 9:15 now. He needs to get to Spring Station by 10:00. He can use only 2 dollars to get there. Which train will he use?
　　　　　（繰り返し）
(2) Ken is going to see a movie this afternoon. He likes drama and sports movies better than animal movies. He wants to see a foreign movie. What time does the movie he wants to see start?
　　　　　（繰り返し）

（2連続音チャイム ○–○）
問題3 を見なさい。これから, 中学生の美佳と留学生のケビンが対話をします。その対話の後で, 「クエスチョン（Question）」と言って英語で質問します。その答えとして最も適当なものをア, イ, ウ, エの中から一つずつ選び, 記号で答えなさい。それでは始めます。

*Kevin:* Hi, Mika. Do you have some time?
*Mika:* Yes, what's up, Kevin?
*Kevin:* I can speak Japanese, but it is very difficult for me to write it. How can I practice writing Japanese?
*Mika:* Well, when I was studying English, I found a good way to practice writing.
*Kevin:* Really? What was it?
*Mika:* I wrote many letters in English to my friends in America. I enjoyed it very much and now writing English is not so difficult.
*Kevin:* Oh, I can write letters too. I will write one in Japanese to the teacher who taught me in Australia. I will tell her that I am enjoying my new school in Japan.
*Mika:* Good! It's important for you to write Japanese for communication. People often say, "*If you want to swim well, practice swimming in the water.*"
*Kevin:* Now I know. I will use Japanese with other people more.

　　Question 1　Does Kevin think it is difficult to write Japanese?
　　Question 2　How did Mika practice writing English?
　　Question 3　Mika said, "*If you want to swim well, practice swimming in the water.*" What did she want to tell Kevin with these words?

「2回目」―――（繰り返し）

（2連続音チャイム ○–○）
問題4 を見なさい。
〈問1〉これから, 和也が国際交流センターでのイベント〔カルチャー・デイ〕で, チラシを見ながら説明を受けます。それを聞いて, (1)から(3)の質問に答えなさい。(1)はア, イ, ウ, エの中から一つ選び記号で, (2)はカッコ内にそれぞれ1語の英語で, (3)は4語以上の英語で答えなさい。なお, 説明の後には, 記入の時間が約40秒ずつあります。それでは始めます。

　　Welcome to Culture Day. My name is Eddy and I'm from Canada. Today you can enjoy a lot of things with people from four different countries, Canada, China, France, and India. There are three things you can do, eating, learning, and talking with new friends.
　　First, in the Cooking Room, you can eat food from India. Please find a food you like.
　　Second, from one o'clock in the Art Room, people from China, France, and India will show you a lot of interesting pictures of festivals in their countries. You can enjoy learning about these festivals.
　　Third, at two o'clock, you can meet and talk with students from Canada in the Gym. They are going to talk about their school in Canada. If you have any questions, you can ask them there. Before you meet them in the Gym, you need to go to the Office and make a name card.
　　Have a good time at Culture Day.
「答えを記入しなさい。」

「2回目」―――（繰り返し）

〈問2〉これから英語で質問と指示をします。その指示にしたがって4語以上の英語で文を書きなさい。なお, 質問と指示を2回繰り返した後, 記入の時間が約40秒あります。それでは始めます。

　　What do you want to ask about a student's life in Canada? Write one question to ask the students from Canada.

「2回目」―――（繰り返し）
「答えを記入しなさい。」

## 解答例

A. 1. エ　2. ア　　B. 1. ウ　2. イ

C. 1. エ　2. イ　3. ウ

D. ①sleep　②food　③stop　④protect animals

## 解説

**A 1** 「この絵を見なさい。この図書館では<u>飲食はできません</u>」…エが適当。　　**2** 「現在，ここ東京空港はとても激しい雨が降っています。そのため，<u>熊本行き KMA123 便は 15 分遅れて出発します</u>」…アが適当。

**B 1** 最後に男性が「それは何時に終わるの？」と尋ねたから，ウ「午前 11 時 30 分よ」が適当。　　**2** 最後に男性が「もう少しいかがですか？」と尋ねたから，イ「はい，お願いします」が適当。

**C 1** 質問「陽子は今，ジムを手伝う時間がありますか？」…ジム「陽子，僕の宿題を手伝ってくれない？」→陽子「<u>ごめんね，できないわ</u>。柔道の練習をしなければならないの」の流れより，エ「いいえ，ありません」が適当。　　**2** 質問「ジムはアメリカで家族のために何をしたいですか？」…陽子「ジム，あなたは 5 か月間，日本に滞在しているわね？気に入っている和食は何？」→ジム「そうだな，<u>天ぷらが 1 番好きだよ。アメリカに帰ったら，家族のために作ってあげたいんだ</u>」→陽子「すごいじゃない！今度の週末に天ぷらを作る練習をしましょう」の流れより，イ「彼は大好きな和食を作りたい」が適当。

**3** 質問「ジムについて，正しいのはどれですか？」…陽子「ジム，休暇を楽しんだ？」→ジム「うん。家族が日本に来たので，3 日間，大阪に行ったんだ」→陽子「へえ。そこで何をしたの？」→ジム「初日は大阪城に行ったんだ。大阪ではぜひそこを訪れるべきだと思うよ。翌日は，大阪で人気のある食べ物をたくさん食べたんだ。<u>タコ焼きがすごく気に入ったよ</u>。路上で食べたのもおもしろかったな。最後の

日は，ホテルの近くにある店に行ったんだ。そこで買い物を楽しんだよ」の流れより，ウ「彼はタコ焼きを食べるのを楽しんだ」が適当。ア「彼は友達と大阪を訪れた」，イ「彼は最後の日に大阪城に行った」，エ「彼は買い物に行けなかった」は不適当。

**D** 【放送文の要約】参照。①ケンタ「<u>十分な睡眠時間</u>をとるべきインターネットユーザーもいる」

・enough time to ～「～するための十分な時間」

②ユカ「世界で増え続ける人々を支える<u>食料</u>がますます必要になる」

③ナナ「より多くの人が店でビニール袋を使うことを<u>やめる</u>べきである」　・stop ～ing「～することをやめる」

④質問「生徒たちは，次の授業で何を話し合いますか？」…最後の 2 文から答える。答え「彼らは次の授業で，<u>動物を保護</u>するためには何をすべきか，話し合います」　・what to ～「何を～すべきか」

### 【放送文の要約】

この授業で私たちは，現在の世界について話し合いました。ケンタは，インターネットはとても便利なものだが，夜，インターネットを使ってあまりにも多くの時間を費やしてしまう人もいることを言いました。それで彼は，そういう人はもっと長く①<u>眠る</u>べきだと言いました。ユカは，ますます多くの人々が世界で暮らしていて，この人々を養うための②<u>食料</u>がますます必要になっていることを言いました。ナナは，まだ多くの人々が買い物でビニール袋を使っているが，この状況を変えるべきであり，自分のバッグを使い始めるべきだと言いました。ケンタ，ユカ，ナナをはじめ，生徒のみなさん全員に感謝します。さて，次の授業について伝えます。世界では多くの動物が棲みかを失っています。なぜなら私たちが家を建てたり，至る所に道路をつくったりするために，大量の木々を切り倒しているからです。それで④<u>動物の保護</u>のために，私たちは何をするべきか，考えるべきです。次の授業では，それについて話し合いましょう。

## 過去問題 B

### 解答例

A．1．ウ 2．イ　　B．1．ウ 2．ア

C．1．イ 2．エ 3．エ

D．①hot ②hungry ③health
　　④(good の例文）have time

### 解説

A 1 「子どもが犬と一緒に走っています」…ウが適当。

　　2 「その病院は月曜日から金曜日まで開いていますが，水曜日の午後は閉まっています」…イが適当。

B 1 最後に男性が「誰がそれを君にくれたの？」と尋ねたから，ウ「兄（弟）がくれたわ」が適当。　　2 最後に男性が「どれくらいの間滞在したの？」と尋ねたから，ア「1週間です」が適当。　・for＋期間「〜の間」

C 1 質問「ジムは日本で空手クラブに参加しますか？」…陽子「あなたは空手クラブに参加するの？」→ジム「いや。新しいことに挑戦するつもりだよ」の流れより，イ「いいえ，そうではありません」が適当。　　2 質問「陽子はいつジムに電話しますか？」…陽子「じゃあ，今日の夕方7時に電話してもいいかしら？」→ジム「うん，そうして」の流れより，「彼女は エ今日の夕方 彼に電話します」が適当。　　3 質問「ジムは陽子に何について話しますか？」…ジム「僕はボランティアとして働く予定だよ。試合を見に来る人たちの手助けをするんだ」→陽子「わぁ，すごい。私も一緒にやりたいわ」→ジム「OK。何をしたらいいのか教えるね」より，「彼は試合の エために彼がする仕事 について彼女に話します」が適当。

D 【日本語訳】参照。

④ 質問「ケイタは給食についてどう考えていますか？」…放送文5〜6行目のケイタの発言から読み取る。ケイタの発言 many people are too busy to make lunch every morning「多くの人が毎朝忙しすぎてお弁当を作れない」より，many people don't <u>have time</u> to make lunch every morning「多くの人は毎朝お弁当を作る時間がない」とすれば良い。　・too … to〜「…すぎて〜できない」

### 【日本語訳】

みなさん，おはようございます。今日は，給食について話します。みなさんの宿題からいくつかの意見を集めたので，それについて話しますね。まず，ナナは，①温かい（＝hot）ものを食べられるので給食は良いと思っています。彼女は冷えた食べものを食べたくないそうです。次にタケシは，もっとたくさん食べたい（＝食べた後も②空腹（＝hungry）に感じる）ので給食は良くないと思っています。次はアヤカですが，彼女は③健康（＝health）に良い多くの食材を食べられるから，給食は良いと思っています。最後にケイタは，自分の好きなものを食べたいという理由で給食が好きではない生徒がいる，と言っています。しかし④彼は，毎朝忙しすぎてお弁当を作れない人が多いから，給食は良いと思っています。みなさん，興味深い意見をありがとうございます。

**解答例**

(1) 1. イ　2. ア　3. ウ　4. ア

(2) 1. ア　2. エ　3. イ　4. エ

(3) 1. Yes, they do.

2. It is in front of the library.

**解説**

(1) 1　質問「ユズキはいつ京都に行きましたか？」…「今日は 11 月 24 日火曜日です。姉のユズキは昨日京都に行きました」より，イ「11 月 23 日月曜日」が適当。

2　質問「ヒロキに辞書を使ってもらいたいなら，あなたは彼に何と言いますか？」…「あなたはヒロキと宿題をしています。彼はあなたに『君の辞書を使ってもいい？』と言います」より，ア「はい，どうぞ」が適当。

3　質問「ヤマトのクラスの中ではどのスポーツが最も人気がありましたか？」…「ヤマトはクラスメートに好きなスポーツについて尋ねました。野球，バスケットボール，テニス，バレーボールが人気でした。バスケットボールは野球やバレーボールよりも人気がありました。テニスはバスケットボールより人気がありました」より，ウ「テニス」が適当。

4　質問「この前の日曜日に美術館に行ったのは誰ですか？」…「ベティはこの前の日曜日，美術館に行きたいと思いました。父と母はそこに行くにはあまりにも忙しかったので，兄にそこに一緒に来てくれるよう頼みました。彼らは美術館で美しい絵を見て楽しみました」より，ア「ベティと兄」が適当。

(2) 1　質問「ジョンは宿題を終えましたか？」…Bの発言「昨夜，それをやったよ」より，アが適当。

2　質問「この 2 人は何について話していますか？」…A「雨だ」→B「うん，でも今朝のニュースでは『午後には晴れるだろう』と言っていたよ」→A「本当に？それを聞いて嬉しいよ」より，エ「天気について」が適当。

3　質問「ケンはどのTシャツを購入しますか？」…A「何を買うの，ケン？」→B「新しいTシャツが欲しいんだ。この青いTシャツもいいけど，大きすぎるな」→A「ほら，この黄色いTシャツはかっこいいわ。待って，これも大きいわ。この白いTシャツはあまりよくないわね。じゃあ，この赤いTシャツはどう？これはかっこいいし，青と黄色のものよりも小さいわ」→B「見てもいい？わあ，すごくかっこいいね。それにするよ」より，イ「赤いTシャツ」が適当。

4　質問「ニックはどこで時計を見つけましたか？」…A「何をしているの，ニック？」→B「ああ，お母さん。時計を探しているんだ。見かけた？」→A「いいえ。昨夜どこに置いたの？」→B「テーブルに置いたと思うんだけど，そこには何もないんだ」→A「椅子の下は見たの？」→B「うん，でもそこにはなかったよ。あとバッグの中も見つからなかった」→A「うーん。見て！サッカーボールのそばに何かあるわ」→B「本当に？僕の時計だ！ありがとう」より，エが適当。

(3) 【放送文の要約】参照。

1　質問「ケビンとサキは来週の土曜日にあなたと一緒に出かけたいですか？」…ケビンとサキは一緒に出かけたいと思っているので，Yes, they do. と答える。

2　質問「ケビンのお気に入りのレストランはどこですか？」…レストランは図書館の前だから，It is in front of the library. と答える。レストランを it に置き換えて答えること。

【放送文の要約】

こんにちは。ケビンです。来週の土曜日は空いている？サキと一緒に出かける予定なんだ。1君も一緒に行けたら嬉しいな。10 時に駅で待ち合わせをして買い物に行くよ。その後，僕のお気に入りのレストランで昼食をとるんだ。食べ物がおいしいから，君は気に入ると思うよ。2レストランは図書館の前にあるんだ。後で電話してよ。じゃあね。

**解答例**

1．(1)イ　(2)ア　(3)ア　(4)エ　(5)ア

2．(1)①month　②brother　③improve　(2)ウ

**解説**

1(1)　「多くの人々がそこに行くのが好きです。その中にたくさんの種類の魚がいます。そこで泳ぎを楽しむこともできます。岐阜にはありません」より，イ「海」が適切。

(2)　賢治「エミリー，僕はこれが好きだよ」→エミリー「これはとてもすてきだわ，賢治。すごく大きいから，中にバスケットボールも入れられるわね」→賢治「僕はいつもたくさん運ぶものがあるから，このサイズがいいんだ。大きな星1つのデザインも好きだよ」→エミリー「そうね。それを買うべきよ」より，アが適切。

(3)　里奈「私は母に誕生日プレゼントをあげたい。何かいいアイデアはある，トム？」→トム「うーん，昨年僕は母に花をあげたよ。彼女はすごく気に入ってくれたよ」→里奈「素敵だわ。それじゃあ私はピンクの花でも送ろうかな。ピンクは彼女のお気に入りの色なの」→トム「いいアイデアだね。（　　）」より，ア「君のメッセージを付けて送ったらどう？」が適切。

(4)　道夫「アン，『A Beautiful Season』を見に行くのはどう？」→アン「ああ，すでにそれを見ちゃったわ，道夫。『Great Family』を知っている？面白いらしいわよ」→道夫「いいね。じゃあ，明日の午前中は空いている？」→アン「ごめんね，午前中はピアノのレッスンに行かなければならないわ。午後に見ましょう」→道夫「いいよ。日本語（吹き替え）と英語（字幕）で見ることができるよ。どっちがいい？」→アン「日本語はあまりわからないけど，挑戦してみたいわ」→道夫「わかったよ」より，エが適切。

(5)　【放送文の要約】参照。ア「ボブは市立図書館と市立博物館の両方に行くつもりです」

**【放送文の要約】**

　まず，この街の歴史を学ぶために，ァ市立図書館から本を借ります。それから，田中さんのもとを訪れたいです。彼女は以前に市立博物館で働いていて，この街についてよく知っています。彼女に街について質問したいです。田中さんに会った後，歴史についていろいろと見るために，ァ市立博物館に足を運びます。それらは私により多くの情報を与えてくれると思います。最後に，レポートを書いて先生に見せます。

2【放送文の要約】参照。

(1)①　質問「信二は『ネイチャークラブ』のメンバーとしてどのくらいの頻度で働きますか？」…彼は毎月（＝every month）働きます。　②　質問「誰が信二に『ネイチャークラブ』について言いましたか？」…彼の兄（＝brother）がそれについて言いました。　③　質問「信二は活動を通して何をしたいですか？」…彼は未来を良くし（＝improve）たいです。

(2)　ウ○「信二は3年間『ネイチャークラブ』のメンバーです」が適切。ア「信二とベーカー先生は一緒に川を掃除しました」，イ「信二はこの前の週末，川を掃除しましたが，楽しめませんでした」，エ「信二は来年，富士山を掃除したいと言っています」は放送文にない内容。

**【放送文の要約】**

信二　　　：おはようございます，ベーカー先生。

ベーカー先生：おはよう，信二。週末はどうだったの？

信二　　　：とても楽しかったです。私は「ネイチャークラブ」のメンバーとして働いていました。

ベーカー先生：「ネイチャークラブ」？それは何なの？

信二　　　：それはボランティアグループのようなものです。

ベーカー先生：なるほど。「ネイチャークラブ」について詳しく教えてくれない？

信二　　　：もちろんです。(1)①メンバーは毎月顔を合わせます。自然を守る方法について話し合い，それに向けて協力して働きます。例えば，私たちは植物を育て，街をきれいにします。前回は川を掃除しました。川の中にビニール袋や紙がたくさんあって悲しくなりましたが，掃除をした後は嬉しかったです。

ベーカー先生：いいわね！「ネイチャークラブ」に初めて参加したのはいつなの？

信二　　　：(2)ウ3年前です。(1)②兄がそれについて教えてくれました。

ベーカー先生：なるほど。なぜボランティアとして働くことにしたの？

信二　　　：テレビ番組を見たとき，ボランティア活動に興味を持ちました。それは掃除のために富士山に登るというものでした。今は「ネイチャークラブ」をとても楽しんでいます。

ベーカー先生：あなたは素晴らしいわ！

信二　　　：(1)③これからも活動を続けて，未来を良くしていきたいです。

ベーカー先生：あなたが活動を楽しんで，私たちの未来を良くしてくれることを願っているわ！

信二　　　：ありがとうございます，がんばります。

# 実践問題 C

## 解答例

**問題 1** (1)ウ　(2)イ　(3)エ

**問題 2** (1)(Train) C　(2)16:00

**問題 3** (1)ア　(2)ウ　(3)ウ

**問題 4** 問 1 ．(1)エ　(2)interesting／pictures
(3)He needs to make a name card.
問 2 ．（例文）What time does school start in Canada?

## 解 説

### 問題 1

(1) 「ボブ，明日は暇だわ。買い物に行きましょう」…ウ「それは良い考えだね」が適当。　　(2) 「マイク，昨夜どのくらい勉強した？」…イ「2時間だよ」が適当。　　(3) 「すみません，書店を探しています。どこにあるかわかりますか？」…エ「病院の前です」が適当。

### 問題 2

(1)「トムはグリーン駅にいて，電車でスプリング駅に行きたいと思っています。今，<u>9時15分</u>です。彼は<u>10時までに</u>スプリング駅に着く必要があります。彼はそこに到達するのにたった<u>2ドル</u>しか使えません。彼はどの電車を使いますか？」…グリーン駅発が9時15分よりも後，スプリング駅着が10時より前，値段が2ドルのCが適当。　　(2) 「ケンは今日の<u>午後</u>に映画を見に行く予定です。彼は動物映画よりも<u>ドラマやスポーツ映画が好き</u>です。彼は<u>外国映画を見たい</u>と思っています。彼が見たい映画は何時に始まりますか？」…午後の映画では，外国のスポーツ映画が16：00に始まる。

### 問題 3　【日本語訳】参照。

(1) 「ケビンは日本語を書くのが難しいと思っていますか？」　　(2) 「美佳はどのように英語を書く練習をしましたか？」　　(3) 「美佳は『上手に泳ぎたいなら水の中で泳ぐ練習をしなさい』と言いました。彼女はこれらの言葉でケビンに何を伝えたかったのですか？」

#### 【日本語訳】

ケビン：やあ，美佳。時間はある？

美佳　：ええ，どうしたの，ケビン？

ケビン：(1)ア<u>日本語を話せるんだけど，書くのはとても難しい</u>よ。どのように日本語を書く練習をしたらいいかな？

美佳　：私が英語を勉強していたとき書く練習になる良い方法を見つけたわ。

ケビン：本当に？それはどんな方法？

美佳　：(2)ウ<u>アメリカの友達に英語で手紙をたくさん書いたわ</u>。とても楽しかったし，今では英語を書くのがそれほど難しくなくなったの。

ケビン：ああ，僕も手紙なら書けるよ。オーストラリアで担当してくれた先生に日本語で書くよ。彼女に日本で新しい学校生活を楽しんでいるって伝えるよ。

美佳　：いいわね！(3)ウ<u>コミュニケーションのために日本語を書くことが重要だわ</u>。「上手に泳ぎたいなら，水の中で泳ぐ練習をしなさい」ってよく言うものね。

ケビン：わかったよ。他の人との間でもっと日本語を使うよ。

### 問題 4　【日本語訳】参照。

問 1 (1)　「和也はクッキングルームでどの国の食べ物を食べることができますか？」　　(2)　「和也はアートルームで1時から何を見ることができますか？」…「彼はお祭りの 興味深い写真（＝interesting pictures） をたくさん見ることができる」が適当。　　(3)　「和也は体育館でカナダから来た生徒たちと対面するつもりです。その前に事務所で何をする必要がありますか？」…「名前カードを作る必要がある（＝He needs to make a name card.）」が適当。

問 2 　「カナダでの学生生活について，あなたは何を尋ねたいですか？カナダから来た生徒に尋ねる質問を書きなさい」…無理に難しい単語を使う必要はないので，書ける単語を使って文を作ろう。4語以上の条件を守ること。（例文の訳）「カナダでは，学校は何時に始まりますか？」

#### 【日本語訳】

カルチャー・デイへようこそ。私の名前はエディです。カナダから来ました。今日は，カナダ，中国，フランス，インドの4か国の人と多くのことをして楽しむことができます。食べること，学ぶこと，新しい友達と話すことの3つができます。

まず，(1)エ<u>クッキングルームで，インドの食べ物を食べる</u>ことができます。好みの食べ物を見つけてください。

次に，(2)ウ<u>1時から</u>アートルームでは，中国，フランス，インドの人が，それぞれの国のお祭りの興味深い写真をたくさん見せてくれます。これらのお祭りについて学んで楽しむことができます。

3つ目に，2時に体育館でカナダの学生と対面して話すことができます。彼らはカナダの学校について話してくれます。質問があれば，そこで彼らに尋ねてみてください。体育館で対面する前に，(3)<u>事務所に行って名前カードを作る必要があります</u>。

カルチャー・デイで楽しい時間をお過ごしください。

Ｋ教英出版　14 の 1　2025 英語リスニング練習問題 熊本県版　（27）

# 高校入試対策

英語リスニング
練習問題

## 解 答 集

### contents

※**問題は別冊です**

# 入試本番に向けて

## 入試本番までにしておくこと

　入試本番までに志望校の過去問を使って出題パターンを把握しておこう。英語リスニング問題は学校ごとに出題傾向があります。受験する学校の出題パターンに慣れておくことが重要です。

## リスニング開始直前のチェックポイント

　音声が流れるまでに問題文全体にざっと目を通そう。それぞれの問題で話題となる場面や登場人物をチェックしておこう。

### ☑ イラストを check！

　英語リスニング問題ではイラストやグラフが使われることが多くあります。イラストなら**共通点と相違点を見つけて**，放送される事がらを予想しておこう。グラフなら**たて軸とよこ軸が何を表しているか**を見ておこう。

### ☑ 選択肢を check！

　英文を選ぶ問題では，選択肢の登場人物，場所，日時などを事前に見つけ出して〇やアンダーラインなどの"しるし"をつけておこう。また，選択肢の共通点と相違点を見つけて質問を予想しておこう。

### ☑ 数字表現を check！

　英語リスニング問題で必ず出題されるのが数字表現です。問題に数を表したイラストや時間を表す単語などがあるときは，数字を意識して解く問題だと予想しておこう。あらかじめ，問題文の英単語を数字に置きかえてメモしておく（fifteen → 15）とよい。

## リスニング本番中の心構え

### ☑ メモにとらわれない！

　英語リスニング問題ではほとんどの場合，「放送中にメモを取ってもかまいません。」という案内があります。特に，長文を聴き取らなくてはならないときはメモは不可欠です。ただし，メモを取るときに注意すべきことがあります。それは，**メモを取ることに集中しすぎて音声を聴き逃さない**ことです。〇やアンダーラインなど自分がわかる"しるし"をうまく活用して，「聴く」ことから気をそらさないようにしよう。

### ☑ 2回目は聴き方を変える！

　放送文が1回しか読まれない入試問題もありますが，多くの場合は質問も含めて2回繰り返して読まれます。2回繰り返して読まれるときは，1回目と2回目で聴き方を変えます。1回目は状況や場面を意識し，（質問が先に放送される場合は，）2回目は質問に合う答えを出すことを意識しよう。1回目で答えがわかったときは，2回目は聴き違いがないか消去法を使って確実に聴き取ろう。

# この解答集の特長と使い方

問題を解き終えたら，基本問題集（別冊）P1 ～ P2 の手順で答え合わせと復習をしよう。
解答集の左側のページにある QR コードを読み取ると，そのページの**さらに詳しい解説**を見ることができます。

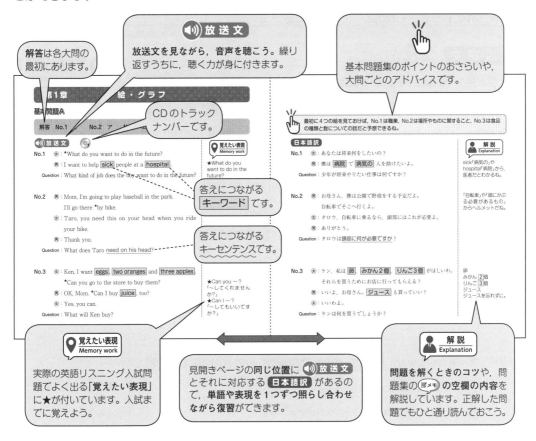

**解答は各大問の最初にあります。**

**(放送文)** 放送文を見ながら，音声を聴こう。繰り返すうちに，聴く力が身に付きます。

基本問題集のポイントのおさらいや，大問ごとのアドバイスです。

CD のトラックナンバーです。

**(覚えたい表現 / Memory work)** 答えにつながる**キーワード**です。

答えにつながるキーセンテンスです。

**(覚えたい表現 / Memory work)** 実際の英語リスニング入試問題でよく出る「覚えたい表現」に★が付いています。入試までに覚えよう。

見開きページの同じ位置に **(放送文)** とそれに対応する **日本語訳** があるので，単語や表現を1つずつ照らし合わせながら復習ができます。

**(解説 / Explanation)** 問題を解くときのコツや，問題集の **(ボメモ)** の空欄の内容を解説しています。正解した問題でもひと通り読んでおこう。

---

**(覚えたい表現 / Memory work)** **まとめ** （P37 ～ 38）

「覚えたい表現」をおさらいしておこう。
このページの QR コードを読み取ると，グループ分けした「**覚えたい表現**」を見ることができます。

**(聞き違いをしやすい表現 / Easy to mistake)** （P39）

「**聞き違いをしやすい表現**」を知っておこう。
このページの音声はCDや教英出版ウェブサイトで聴くことができます。

## もっと リスニング力 をつけるには

### 🔊 音声に合わせてシャドーイング（発音）してみよう！
正しい発音ができるようになると聴く力もぐんと上がります。まずは自分のペースで放送文を声に出して読んでみよう。次に音声に合わせて発音していこう。最初は聴こえたまま声に出し，慣れてきたら正しい発音を意識しよう。繰り返すうちに，おのずと正しい発音を聴き取る耳が鍛えられます。

### 🔊 音声を聴きながらディクテーション（書き取り）してみよう！
聴こえた英文を書き取る練習をしよう。何度も聴いて文が完成するまでトライしよう。聴き取れなかった単語や文がはっきりするので，弱点の克服につながります。また，英語を書く力も鍛えられます。

## 第1章　　　　絵・グラフ

### 基本問題A

解答　No.1　イ　　No.2　ア　　No.3　エ

**No.1**　🔈女：★What do you want to do in the future?

　　　　男：I want to help sick people at a hospital .

　　Question：What kind of job does the boy want to do in the future?

**No.2**　男：Mom, I'm going to play baseball in the park.

　　　　　I'll go there ★by bike.

　　　　女：Taro, you need this on your head when you ride

　　　　　your bike.

　　　　男：Thank you.

　　Question：What does Taro need on his head?

**No.3**　女：Ken, I want eggs , two oranges and three apples .

　　　　　★Can you go to the store to buy them?

　　　　男：OK, Mom. ★Can I buy juice , too?

　　　　女：Yes, you can.

　　Question：What will Ken buy?

📍 **覚えたい表現**
Memory work

★What do you
want to do in the
future?
「あなたは将来何をし
たいですか？」

★by bike
「自転車で」

★Can you ～?
「～してくれません
か？」
★Can I ～?
「～してもいいです
か？」

### 基本問題B

解答　No.1　ア　　No.2　イ　　No.3　ア　　No.4　イ

**No.1**　A man is ★looking at a clock on the wall .

　　Question：Which person is the man?

**No.2**　It was snowing this morning, so I couldn't go to school

　　　　by bike. I ★had to walk .

　　Question：How did the boy go to school this morning?

📍 **覚えたい表現**
Memory work

★look at ～
「～を見る」

★have to ～
「～しなければならな
い」

最初に４つの絵を見ておけば，No.1は職業，No.2は場所やものに関すること，No.3は食品の種類と数についての話だと予想できるね。

## 日本語訳

**No.1**　㊛：あなたは将来何をしたいの？

　　　　㊚：僕は 病院 で 病気の 人を助けたいよ。

　　Question：少年が将来やりたい仕事は何ですか？

**No.2**　㊚：お母さん，僕は公園で野球をする予定だよ。

　　　　　　自転車でそこへ行くよ。

　　　　㊛：タロウ，自転車に乗るなら，頭部にはこれが必要よ。

　　　　㊚：ありがとう。

　　Question：タロウは頭部に何が必要ですか？

**No.3**　㊛：ケン，私は 卵 ， みかん２個 ， りんご３個 がほしいわ。

　　　　　　それらを買うためにお店に行ってもらえる？

　　　　㊚：いいよ，お母さん。 ジュース も買っていい？

　　　　㊛：いいわよ。

　　Question：ケンは何を買うでしょうか？

---

### 解 説 Explanation

sick「病気の」や
hospital「病院」から，
医者だとわかるね。

「自転車」や「頭にかぶる必要があるもの」
からヘルメットだね。

卵
みかん ２ 個
りんご ３ 個
ジュース
ジュースを忘れずに。

---

　４つの絵を見比べて，メモする内容を予想できたかな？ No.1は男性がしていること，
No.2は天気と移動手段，No.3は少年の体調，No.4は時刻だね。

## 日本語訳

**No.1**　男性が 壁 の 時計 を見ています。

　　Question：その男性はどの人ですか？

**No.2**　今朝は 雪が降って いたので，私は学校に自転車で行けませんでした。私は歩かなければなりませんでした。

　　Question：その少年は今朝，どうやって学校へ行きましたか？

---

###  解 説 Explanation

clock「掛け時計／置き時計」より，**ア**だね。

"snowing", "walk"
が聞き取れれば，**イ**
とわかるね。

**No.3**　⒀：★What's the matter?

　　　　⒁：Well, I've had a stomachache since this morning.
　　　　　　I didn't have it ★last night.

　　　　⒀：That's too bad. Are you all right?

　　Question：When did the boy have a stomachache?

> ★What's the
> matter?
> 「どうしたの？」
> ★last night「昨夜」

**No.4**　⒀：Good morning, Kanta. Did you sleep well last night?

　　　　⒁：Yes, Judy. I ★went to bed at eleven last night and ★got
　　　　　　up at seven this morning.

　　　　⒀：Good. I could only sleep ★for six hours.

　　Question：What time did Kanta get up this morning?

> ★go to bed
> 「寝る」
> ★get up「起きる」
>
> ★for ～（期間を表す言葉）「～の間」

## 練習問題A

> 解答　No.1　ア　　No.2　エ　　No.3　ア　　No.4　ウ

**No.1**　⒀：Ah, I hope it will ★stop raining soon.

　　　　⒁：It was sunny yesterday.

　　　　⒀：Yes. But the TV says we will have snow this
　　　　　　afternoon.

　　　　⒁：Really? ★How about tomorrow?

　　　　⒀：It will be cloudy.

　　Question：How will the weather be tomorrow?

> ★stop ～ing
> 「～することをやめる」
>
> ★How about ～?
> 「～はどうですか？」

**No.2**　⒁：★Thank you for giving me a birthday present, Mary.
　　　　　　I like the bag very much.

　　　　⒀：I'm happy you like it, Kenta.
　　　　　　Oh, you're wearing a nice T-shirt today.

　　　　⒁：This is a birthday present from my sister.
　　　　　　And my mother made a birthday cake ★for me.

　　　　⒀：Great. But you wanted a computer, right?

　　　　⒁：Yes, I got one from my father!

　　Question：What did Kenta get from his father?

> ★Thank you for
> ～ing.
> 「～してくれてありがとう」
>
> ★for ～（対象を表す言葉）「～のために」

No.3　⼥：どうしたの？

　　　男：うーん，今朝からずっとお腹が痛いんです。

　　　　　昨夜は痛くなかったのですが。

　　　⼥：それは大変ね。大丈夫？

　　　Question：少年はいつお腹が痛かったですか？

解 説
Explanation

昨夜
お腹が痛くない。
今朝
お腹が痛い。

No.4　⼥：おはよう，カンタ。昨夜はよく眠れた？

　　　男：うん，ジュディ。昨夜は11時に寝て，今朝は7時 に起きたよ。

　　　⼥：いいね。私は6時間しか眠れなかったわ。

　　　Question：カンタは 今朝 何時に起きましたか？

質問に
this morning「今朝」
とあるから起きた時
刻の午前7時だね。

 No.1は天気，No.2は誕生日プレゼント，No.3は時刻，No.4はクラスのアンケート結果について メモしよう。No.3は計算が必要だね。

**日本語訳**

No.1　⼥：ああ，すぐに雨が止んでほしいわ。

　　　男：昨日は晴れていたのに。

　　　⼥：ええ。でもテレビによると，今日の午後は雪らしいわ。

　　　男：本当に？ 明日 はどう？

　　　⼥：くもりらしいわ。

　　　Question： 明日 の天気はどうですか？

解 説
Explanation

昨日：晴れ
現在：雨
今日午後：雪
明日：くもり
質問はtomorrow
「明日」だからくもり
だね。

No.2　男：誕生日プレゼントをありがとう，メアリー。

　　　　　バッグをとても気に入ったよ。

　　　⼥：気に入ってくれてよかったわ，ケンタ。

　　　　　あら，今日は素敵なTシャツを着ているわね。

　　　男：これは姉(妹)からの誕生日プレゼントなんだ。

　　　　　母も僕のために誕生日ケーキを作ってくれたんだ。

　　　⼥：すてき。でもあなたはパソコンがほしかったんでしょ？

　　　男：そうだよ， 父 からもらったよ！

　　　Question：ケンタは 父 から何をもらいましたか？

メアリー：バッグ
姉(妹)：Tシャツ
母：誕生日ケーキ
父：パソコン
質問はfather「父」か
らもらったものだか
ら，パソコンだね。

**No.3**　(女)：The movie will start at 11:00.

★What time shall we meet tomorrow, Daiki?

(男)：How about meeting at the station at 10:30, Nancy?

(女)：Well, I want to go to a bookstore with you before the movie starts. Can we meet earlier?

(男)：All right. Let's meet at the station fifty minutes before the movie starts.

(女)：OK. See you tomorrow!

Question：What time will Daiki and Nancy meet at the station?

覚えたい表現
Memory work

★What time shall we meet?
「何時に待ち合わせようか？」

**No.4**　(女)：Tsubasa, look at this!

We can see the most popular sports in each class.

(男)：Soccer is ★the most popular in my class, Mary.

(女)：Soccer is popular in my class, too.
But volleyball is more popular.

(男)：I see. And many of my classmates want to play softball. I want to try it, too!

(女)：Really? ★No students in my class want to play softball.

Question：Which is Mary's class?

★the＋最上級＋in＋○○
「○○の中で最も…」

★no＋人
「(人)が1人もいない」

## 練習問題B

解答　No.1　ア　　No.2　ウ　　No.3　ア　　No.4　ウ

**No.1**　(女)：Kota, what a nice room!

(男)：Thank you! Do you know what this is, Judy?

(女)：No. ★I've never seen it before. Is it a table?

(男)：Yes, but this is not just a table.
This also ★keeps us warm in winter.

Question：What are they talking about?

覚えたい表現
Memory work

★I've never ～.
「私は一度も～したことがない」

★keep＋人／もの＋状態「(人／もの)を(状態)に保つ」

**No.3**　（女）：映画は11時に始まるわ。

　　　　　　明日は何時に待ち合わせようか，ダイキ？

　　　　（男）：10時半に駅で待ち合わせるのはどう，ナンシー？

　　　　（女）：そうねぇ，私は映画が始まる前にあなたと書店に行きたいわ。

　　　　　　もっと早く待ち合わせできる？

　　　　（男）：いいよ。映画が始まる50分前に駅で会おう。

　　　　（女）：わかったわ。また明日ね！

　Question：ダイキとナンシーは何時に駅で待ち合わせますか？

11時に映画が始まる。その50分前に待ち合わせるから，**ア**の「10時10分」だね。fifty「50」は前にアクセント，fifteen「15」は後ろにアクセントがあるよ。

**No.4**　（女）：ツバサ，これを見て！

　　　　　　それぞれのクラスで1番人気のあるスポーツがわかるわ。

　　　　（男）：僕のクラスではサッカーが1番人気だね，メアリー。

　　　　（女）：サッカーは私のクラスでも人気よ。

　　　　　　でも，バレーボールの方がもっと人気だわ。

　　　　（男）：そうだね。それから，僕のクラスメートの多くはソフトボールをやりたいようだよ。僕もやってみたいな！

　　　　（女）：本当？私のクラスではソフトボールをやりたい生徒はいないわ。

　Question：メアリーのクラスはどれですか？

ツバサのクラス：
サッカーが1位
ソフトボールが人気

メアリーのクラス：
サッカーよりバレーボールが人気
ソフトボールが0人

 グラフの問題の音声を聞くときは，1番多い(少ない)もの，増加，減少などをメモしよう。消去法も有効だよ。

**日本語訳**

**No.1**　（女）：コウタ，何て素敵な部屋なの！

　　　　（男）：ありがとう！これは何か知ってる，ジュディ？

　　　　（女）：いいえ。一度も見たことがないわ。テーブルかしら？

　　　　（男）：そうだよ，でもこれはただのテーブルではないんだ。

　　　　　　これは冬に僕らを温めてもくれるんだ。

　Question：彼らは何について話していますか？

ただのテーブルではなく，温めてくれるもの→「こたつ」だね。

**覚えたい表現**
**Memory work**

**No.2**　(男)：Kate, this is a picture of our music band.

We played some songs at the ★school festival this year.

It was a wonderful time for us!

(女)：You ★look excited, Hiroshi.

Who is the student playing the guitar ★next to you?

(男)：He is Ryosuke. He plays the guitar well, and the other student playing the guitar is Taro.

(女)：I see. The student playing the drums is Takuya, right?

★I hear he ★is good at singing, too.

Question：Which boy is Hiroshi?

★school festival
「学園祭」
★look ～
「～のように見える」
★next to ～
「～のとなりに」

★I hear (that) ～.
「～だそうだ」
★be good at ～ing
「～することが得意だ」

**No.3**　It was interesting to know what activity you enjoyed the best in my English class.

I ★was glad to know that ★over ten students chose ★making speeches. Eight students chose reading stories, and ★the same number of students chose writing diaries.

Maybe you can guess the most popular activity among you. It was listening to English songs.

I hope you will ★keep enjoying English.

Question：Which graph is the speaker explaining?

★be glad to ～
「～してうれしい」
★over ～「～以上」
★make a speech
「スピーチをする」
★the number of ～
「～の数」

★keep ～ing
「～し続ける」

**No.4**　Look at the graph.

This is a graph of the number of visitors to the art museum which was built in 2014 in our city.

The number kept ★going up until 2016.

But the next year, it ★went down 20%.

The numbers in 2017 and 2018 were the same.

Question：Which graph is the speaker explaining?

★go up「増加する」

★go down
「減少する」

No.2　男：ケイト，これは僕らの音楽バンドの写真だよ。

僕らは今年学園祭で何曲か演奏したんだ。

僕らにとってすばらしい時間だったよ！

女：興奮しているようね，ヒロシ。

あなたのとなりでギターを弾いているのは誰？

男：彼はリョウスケだよ。彼はギターが上手なんだ，そしても

う1人，ギターを弾いているのがタロウだよ。

女：そうなの。ドラムをたたいているのはタクヤね？

彼は歌も上手だそうね。

Question：どの少年がヒロシですか？

ギター：
リョウスケとタロウ
ドラム：タクヤ
ヒロシはリョウスケ
のとなりにいる**ウ**だ
ね。

No.3　私の英語の授業の中で，みなさんが何の活動を一番楽しんだか

がわかって興味深かったです。

私は，10人以上の生徒がスピーチをすることを選んでくれたと

知って，うれしく思いました。8人の生徒が物語を読むことを

選び，同じ人数の生徒が日記を書くことを選びました。

みなさんのあいだで一番人気があったものはたぶん想像がつく

と思います。

英語の歌を聞くことでした。

これからもずっと英語を楽しんでほしいです。

Question：話し手が説明しているのはどのグラフですか？

音声を聞く前にグラ
フの項目名を見てお
こう。
スピーチ：10人以上
物語：8人
日記：物語と同じ人数
英語の歌：最も人気

これらの情報から**ア**
を選べるね。

No.4　グラフを見て下さい。

これは，2014年に私たちの市に建てられた美術館の，来場者数

のグラフです。

その数は2016年まで増加し続けました。

しかし，次の年に20％減少しました。

2017年と2018年は同数でした。

Question：話し手が説明しているのはどのグラフですか？

増減に着目しよう。
「2016年まで増加」
「2017年と2018年は
同数」より，**ウ**だ
ね。

## 第2章　　　　　　次の一言

**基本問題**

解答　No.1　イ　　No.2　ウ　　No.3　イ　　No.4　ア

🔊 **放送文**　💿5

**No.1**　女：★Have you ever been to a foreign country?

　　　男：Yes. I went to Australia last year.

　　　女：Oh, I see. How long did you stay there?

> ア　By plane.　（イ）**For six days.**　ウ　With my family.

> ★Have you ever been to 〜?
> 「〜に行ったことが
> ありますか?」

**No.2**　女：★May I help you?

　　　男：Yes, I'm ★looking for a blue jacket.

　　　女：How about this one?

> ア　Here you are.　イ　I'm just looking.　（ウ）**It's too expensive for me.**

> ★May I help you?
> 「お手伝いしましょ
> うか?／いらっしゃ
> いませ」
> ★look for 〜
> 「〜を探す」

**No.3**　女：★What are you going to do this weekend?

　　　男：I'm going to ★go fishing in the sea with my father
　　　　　if it's sunny.

　　　女：Really? That will be fun.

> ア　Sorry, I'm busy.　（イ）**I hope the weather will be nice.**
> ウ　Nice to meet you.

> ★What are you
> going to do?
> 「何をするつもりです
> か?」
> ★go fishing
> 「釣りに行く」

**No.4**　女：Hello.

　　　男：Hello, this is Mike. ★May I speak to Yoko?

　　　女：I'm sorry. She isn't at home now.

> （ア）**OK. I'll call again later.**　イ　Shall I take a message?
> ウ　Hello, Yoko. How are you?

> ★May I speak to 〜?
> 「(電話で)〜さんを
> お願いできますか?」

**覚えたい表現**
**Memory work**

最後の英文をメモできたかな。質問ならばそれに合う答えを選び，質問でなければ，話の流れから考えよう。消去法も有効だよ。

**日本語訳**

**解説**
Explanation

**No.1**　女：外国に行ったことはある？

　　　　男：うん。去年，オーストラリアに行ったよ。

　　　　女：あら，そうなの。<u>そこにはどれくらい滞在したの？</u>

ア　飛行機だよ。　　**イ**　6日間だよ。　　ウ　家族と一緒にだよ。

最後の英文
How long ～？
「（期間をきいて）どれくらい～？」より，返答はFor ～．
「～間です」だね。

**No.2**　女：お手伝いしましょうか？

　　　　男：はい，青いジャケットを探しています。

　　　　女：<u>こちらはいかがですか？</u>

ア　はい，どうぞ。　　イ　見ているだけです。　　**ウ**　私には値段が高すぎます。

最後の英文
How about this one?
「こちらはいかがですか？」より，返答は**ウ**だね。

**No.3**　女：この週末は何をするつもりなの？

　　　　男：<u>晴れたら，父と海に釣りに行くつもりだよ。</u>

　　　　女：本当に？それは楽しそうね。

ア　ごめん，僕は忙しいんだ。　　**イ**　天気が良いことを願うよ。
ウ　会えてうれしいよ。

最後の英文が質問ではない。その前に「晴れたら…」と言っているので，話の流れから**イ**だね。

**No.4**　女：もしもし。

　　　　男：もしもし，マイクです。ヨウコさんをお願いできますか？

　　　　女：ごめんね。彼女は今家にいないわ。

**ア**　わかりました。あとでかけ直します。　　イ　伝言を預かりましょうか？
ウ　やあ，ヨウコ。元気？

電話で相手が不在だった場合，電話をかけた側がよく使う表現を選ぶよ。ふさわしいのは**ア**だね。

## 練習問題

> 解答　No.1　エ　　No.2　ウ　　No.3　イ　　No.4　ア

**放送文** ◎6

**No.1**　(男)：Hello?

(女)：This is Natsuki. May I speak to Jim, please?

(男)：I'm sorry, but ★you have the wrong number.

ア　I don't know your phone number.
イ　I see. Do you want to leave a message?
ウ　Can you ask him to call me?
エ　I'm so sorry.

★You have the wrong number.
「番号が違っています」

**No.2**　(男)：Have you finished cooking?

(女)：No. ★I've just washed the tomatoes and carrots.

(男)：OK. Can I help you?

ア　Sorry. I haven't washed the tomatoes yet.
イ　I don't think so. Please help me.
ウ　Thanks. Please cut these carrots.
エ　All right. I can't help you.

★I've just+過去分詞.
「ちょうど～したところだ」

**No.3**　(女)：It's so hot today. Let's have something to drink.

(男)：Sure. I know a good shop. It ★is famous for fruit juice.

(女)：Really? ★How long does it take to get there from here by bike?

ア　Ten o'clock in the morning.　イ　Only a few minutes.
ウ　Four days a week.　エ　Every Saturday.

★be famous for ～
「～で有名である」
★How long does it take to ～?
「～するのにどれくらい時間がかかりますか?」

**No.4**　(男)：Whose notebook is this? ★There's no name on it.

(女)：Sorry, Mr. Jones. It's mine.

(男)：Oh, Ellen. You should write your name on your notebook.

ア　Sure. I'll do it now.　イ　No. I've never sent him a letter.
ウ　Yes. You found my name on it.　エ　Of course. I finished my homework.

★There is no ～.
「～がない」

最後の英文を聞き取って，メモできたかな？質問や提案に対する受け答えを注意深く選ぼう。

## 日本語訳

**No.1**　（男）：もしもし？

　　　　（女）：ナツキです。ジムさんをお願いできますか？

　　　　（男）：すみませんが，番号が違っています。

```
ア　私はあなたの電話番号を知りません。
イ　わかりました。伝言を残したいですか？
ウ　私に電話するよう彼に伝えてくれますか？
エ　失礼しました。
```

男性の「番号が違っています」に対して，エ「失礼しました」以外は不適切だね。

**No.2**　（男）：料理は終わった？

　　　　（女）：いいえ。ちょうどトマトとニンジンを洗ったところよ。

　　　　（男）：よし，手伝おうか？

```
ア　ごめん。私はまだトマトを洗い終えていないの。
イ　そうは思わないわ。私を手伝って。
ウ　ありがとう。ニンジンを切って。
エ　わかったわ。私は手伝えないわ。
```

男性の提案「手伝おうか？」に対して，ウ「ありがとう。ニンジンを切って」以外は不適切だね。

**No.3**　（女）：今日はとても暑いわ。何か飲みましょう。

　　　　（男）：いいね。いい店を知っているよ。フルーツジュースで有名なんだ。

　　　　（女）：本当に？自転車でそこに行くのにどれくらい時間がかかるの？

```
ア　午前10時だよ。　　イ　ほんの数分だよ。
ウ　週に４日だよ。　　エ　毎週土曜日だよ。
```

How long does it take to ～? 「～するのにどれくらい時間がかかりますか？」に対して，イ Only a few minutes. 「ほんの数分」以外は不適切だね。

**No.4**　（男）：これは誰のノートかな？名前が書いてないな。

　　　　（女）：すみません，ジョーンズ先生。私のです。

　　　　（男）：おお，エレン。ノートには自分の名前を書いておくべきだよ。

```
ア　わかりました。すぐにそうします。
イ　いいえ。彼に手紙を送ったことはありません。
ウ　はい。あなたはそこに私の名前を見つけましたよね。
エ　もちろんです。私は宿題を終えました。
```

先生から「ノートには自分の名前を書いておくべきだよ」と言われたことに対して，ア「わかりました。すぐにそうします」以外は不適切だね。

← さらに詳しい解説

# 第３章　　対話や英文と質問（１つ）

## 基本問題

解答　No.1　エ　　No.2　ア　　No.3　ウ

🔊 放送文　💿7

**No.1**　Mike finished his homework.

He was very hungry.

His mother said, "Dinner *is ready.

Please *tell Dad to come to the dining room."

So he went to his father.

Question：What is Mike's mother going to do?

ア　She is going to do Mike's homework with her husband.
イ　She is going to cook dinner in the dining room.
ウ　She is going to go to the dining room with Mike.
エ　She is going to eat dinner with her husband and Mike.

★be ready
「準備ができている」
★tell＋人＋to 〜
「（人）に〜するように言う」

**No.2**　㊛：Tom, how's the pizza?

㊚：It's delicious, Lisa. I like your pizza very much.

㊛：Thank you. *Would you like some more?

Question：What will Tom say next?

ア　Yes, please. I want more.　イ　Help yourself, Lisa.
ウ　I'm sorry. I can't cook well.　エ　Of course. You can take it.

★Would you like some more?
「もう少しいかが？」
（食べ物などを勧めるときの表現）

**No.3**　㊛：I want this black pen . *How much is it?

㊚：Now we're having a sale. It's 1,500 yen this week.

㊛：I'll take it. It's a birthday present for my father.

Question：Where are they?

ア　They are in the nurse's office.　イ　They are in the library.
ウ　They are at a stationery shop.　エ　They are at a birthday party.

★How much 〜？
「〜はいくらですか？」

覚えたい表現
Memory work

選択肢を読み比べておくと，誰の何について質問されるかをある程度予想できるよ。対話を聞きながら，人の名前や行動などをメモしよう。

## 日本語訳

**No.1** マイクは宿題を終えました。

彼はとてもお腹がすいていました。

母親が言いました。「<u>夕食の準備ができたわ。</u>

<u>お父さんにダイニングに来るように言って</u>」

それで彼は父親のところに行きました。

Question：マイクの母親は何をするつもりですか？

---

ア　彼女は夫と一緒にマイクの宿題をするつもりです。
イ　彼女はダイニングで夕食を作るつもりです。
ウ　彼女はマイクとダイニングに行くつもりです。
(エ)　**彼女は夫とマイクと一緒に夕食を食べるつもりです。**

---

**No.2** 🚺：トム，ピザはどう？

🚹：おいしいよ，リサ。僕は君のピザが大好きだよ。

🚺：ありがとう。<u>もう少しいかが？</u>

Question：トムは次に何を言うでしょうか？

---

(ア)　**うん，お願い。もっとほしい。**　　イ　自由に取ってね，リサ。
ウ　ごめん。うまく料理できないんだ。　　エ　もちろん。取っていいよ。

---

**No.3** 🚺：私はこの　黒いペン　を買いたいです。おいくらですか？

🚹：ただいまセール中です。今週は1500円です。

🚺：それをいただきます。父への誕生日プレゼントなんです。

Question：彼らはどこにいますか？

---

ア　彼らは保健室にいます。　　イ　彼らは図書館にいます。
(ウ)　**彼らは文具店にいます。**　　エ　彼らは誕生日会にいます。

---

## 解説 Explanation

マイク：宿題 が終わった。おなかが すいた 。父親 を呼びに行く。
母親：夕食 の準備ができた。
つまり，これから3人で夕食を食べるので，エ だね。

リサがトムに「もう少しいかが？」と勧めているので，ア だね。

黒いペンを売っている店だから，ウ のstationery shop「文具店」だね。

## 練習問題

解答　No.1　ア　　No.2　イ　　No.3　ア　　No.4　イ

 放送文　

**No.1**
- 男：I'm going to buy a birthday present for my sister. Lisa, can you go with me?
- 女：Sure, Ken.
- 男：★Are you free tomorrow?
- 女：Sorry, I can't go tomorrow. When is her birthday?
- 男：Next Monday. Then, how about this Saturday or Sunday?
- 女：Saturday is fine with me.
- 男：Thank you.
- 女：What time and where shall we meet?
- 男：How about at eleven at the station?
- 女：OK. See you then.

Question：When are Ken and Lisa going to buy a birthday present for his sister?

ア　This Saturday.　イ　This Sunday.　ウ　Tomorrow.　エ　Next Monday.

**No.2**
- 女：Hello?
- 男：Hello. This is Tom. Can I speak to Eita, please?
- 女：Hi, Tom. I'm sorry, he ★is out now.
  Do you ★want him to call you later?
- 男：Thank you, but I have to go out now. ★Can I leave a message?
- 女：Sure.
- 男：Tomorrow we are going to do our homework at my house. ★Could you ask him to bring his math notebook?
  I have some questions to ask him.
- 女：OK, I will.

Question：What does Tom want Eita to do?

ア　To do Tom's homework.　イ　To bring Eita's math notebook.
ウ　To call Tom later.　エ　To leave a message.

★Are you free?
「（時間が）空いている？」

★be out
「外出している」
★want＋人＋to ～
「（人）に～してほしい」
★Can I leave a message?
「伝言をお願いできますか？」

★Could you ～？
「～していただけませんか？」

覚えたい表現
Memory work

音声を聞く前に選択肢を読み比べて，質問される人や内容を考えておこう。対話が長いので，ポイントをしぼってメモをとろう。

**解 説**
Explanation

## 日本語訳

**No.1**　(男)：姉(妹)の誕生日プレゼントを買おうと思っているんだ。リサ，一緒に来てくれない？

(女)：いいわよ，ケン。

(男)：明日は空いてる？

(女)：ごめんね，明日は行けないわ。彼女の誕生日はいつ？

(男)：次の月曜日だよ。じゃあ，この土曜日か日曜日はどう？

(女)：土曜日は都合がいいわ。

(男)：ありがとう。

(女)：何時にどこで待ち合わせる？

(男)：11時に駅でどうかな？

(女)：ええ。じゃあそのときね。

Question：ケンとリサはいつ彼の姉(妹)の誕生日プレゼントを買うつもりですか？

⑦　この土曜日。　イ　この日曜日。　ウ　明日。　エ　次の月曜日。

選択肢より，曜日に注意してメモをとろう。This Saturday.「この土曜日」の**ア**だね。

**No.2**　(女)：もしもし？

(男)：もしもし。トムです。英太さんをお願いできますか？

(女)：こんにちは，トム。ごめんね，彼は今外出しているわ。あとでかけ直すようにしましょうか？

(男)：ありがとうございます，でもすぐに外出しないといけないんです。伝言をお願いできますか？

(女)：いいわよ。

(男)：明日，僕の家で一緒に宿題をすることになっています。数学のノートを持ってくるよう彼に頼んでいただけませんか？彼にいくつか尋ねたいことがあるんです。

(女)：わかったわ，伝えておくわ。

Question：トムが英太にしてほしいことは何ですか？

ア　トムの宿題をすること。　⑦　数学のノートを持ってくること。
ウ　あとでトムに電話すること。　エ　伝言を残すこと。

選択肢より，英太がトムに対してすること(トムが英太にしてほしいこと)を選ぼう。トムは3回目の発言で**イ**の内容の伝言を伝えたんだね。

**No.3**
㊛：Hi, Mike. ★What kind of book are you reading?
㊚：Hi, Rio. It's about *ukiyoe* pictures. I learned about them last week.
㊛：I see. You can see *ukiyoe* in the city art museum now.
㊚：Really? I want to visit there.
In my country, there are some museums that have *ukiyoe*, too.
㊛：Oh, really? I ★am **surprised** to hear that.
㊚：I have been there to see *ukiyoe* once.
I want to see them in Japan, too.
㊛：I went to the city art museum last weekend.
It was very interesting. You should go there.
Question：Why was Rio surprised?

- ㋐ **Because Mike said some museums in his country had *ukiyoe*.**
- イ Because Mike learned about *ukiyoe* last weekend.
- ウ Because Mike went to the city art museum in Japan last weekend.
- エ Because Mike didn't see *ukiyoe* in his country.

**No.4**
㊛：Hello, Hiroshi. How was your holiday?
㊚：It was great, Lisa. I went to Kenroku-en in Kanazawa. It is a beautiful Japanese garden.
㊛：How did you go there?
㊚：I took a train to Kanazawa from Toyama.
Then I wanted to take a bus from Kanazawa Station, but there were many people. So I ★decided to walk.
㊛：Oh, really? How long did it take ★from the station to Kenroku-en?
㊚：About 25 minutes. I saw many people from other countries.
㊛：I see. Kanazawa is an ★international city.
Question：Which is true?

- ア It took about 25 minutes from Toyama to Kanazawa.
- ㋑ **Hiroshi walked from Kanazawa Station to Kenroku-en.**
- ウ Hiroshi went to many countries during his holiday.
- エ Hiroshi took a bus in Kanazawa.

**覚えたい表現 Memory work**

★What kind of ～?
「どんな種類の～？」

★be surprised to ～
「～して驚く」

★decide to ～
「～することに決める／決心する」

★from A to B
「AからBまで」

★international
「国際的な」

No.3　㊛：こんにちは，マイク。どんな本を読んでいるの？

　　　㊚：やあ，リオ。浮世絵についての本だよ。先週それらについて学んだんだ。

　　　㊛：そうなの。今，市立美術館で浮世絵を見ることができるよ。

　　　㊚：本当に？そこに行きたいな。
　　　　　僕の国にも，浮世絵のある美術館があるよ。

　　　㊛：え，本当に？それを聞いて 驚いた わ。

　　　㊚：僕は一度そこに浮世絵を見に行ったことがあるよ。
　　　　　日本でも見たいな。

　　　㊛：先週末，市立美術館に行ったの。
　　　　　とても面白かったわ。あなたも行くべきよ。

　　Question：なぜリオは驚きましたか？

⑦　マイクが彼の国の美術館に浮世絵があると言ったから。
イ　マイクが先週末に浮世絵について学んだから。
ウ　マイクが先週末に日本の市立美術館に行ったから。
エ　マイクが彼の国で浮世絵を見なかったから。

解説
Explanation

選択肢が全て
Because Mike ～.
マイクが言ったことは
・浮世絵についての
本を読んでいる。
・浮世絵のある美術
館が自国にもある。
・自国の美術館に浮
世絵を見に行った
ことがある。
・日本でも浮世絵を
見たい。
質問は「リサが驚い
た理由」だから，アだ
ね。

No.4　㊛：こんにちは，ヒロシ。休みはどうだった？

　　　㊚：すばらしかったよ，リサ。金沢の兼六園に行ったよ。
　　　　　美しい日本庭園だよ。

　　　㊛：そこにはどうやって行ったの？

　　　㊚：富山から金沢まで電車に乗ったよ。
　　　　　そして金沢駅からはバスに乗りたかったけれど，とても
　　　　　たくさんの人がいたんだ。それで僕は歩くことにしたよ。

　　　㊛：まあ，本当？駅から兼六園までどれくらい時間がかかったの？

　　　㊚：約25分だよ。外国から来たたくさんの人を見たよ。

　　　㊛：なるほど。金沢は国際都市ね。

　　Question：どれが正しいですか？

ア　富山から金沢まで約25分かかった。
イ　ヒロシは金沢駅から兼六園まで歩いた。
ウ　ヒロシは休みの間にたくさんの国に行った。
エ　ヒロシは金沢でバスに乗った。

選択肢から以下の
キーワードにしぼっ
て，音声の同様の単
語に注意しよう。
ア 25 minutes
イ walk
ウ many countries
エ bus
アはヒロシの3回目，
イ，エは2回目の発
言にあるけど，ウは
音声にはないね。ヒ
ロシは金沢駅から兼
六園まで歩いたの
で，イだね。

## 第４章　　　語句を入れる

### 基本問題

> 解答　No.1　（ア）土　（イ）2時30分　（ウ）青
> 　　　 No.2　（ア）博物館〔別解〕美術館　（イ）150　（ウ）生活〔別解〕暮ら

 放送文

**No.1**

(女)：David, the festival will ★be held ₇ from Friday to Sunday , right?

(男)：Yes, Kyoko. I'm going to join the dance event at the music hall ₇★on the second day .

(女)：That's great! Can I join, too?

(男)：Sure. It will start at ₍ three in the afternoon. Let's meet there ₍ 30 minutes before that . We will wear ₉ blue T-shirts when we dance. Do you have one?

(女)：Yes, I do. I'll bring it.

**No.2**

(男)：What is this building, Kate? It looks very old.

(女)：This is a ₇ museum , Eita. It was built about ₍ 150 years ago and used as a school.

(男)：What can we see here?

(女)：You can see how people ₉ lived ★a long time ago. ★Shall we go inside now?

(男)：OK. Let's go.

**覚えたい表現 Memory work**

★be held「開催される」

★on the second day「2日目に」

★a long time ago「昔」
★Shall we ～?「(一緒に)～しましょうか？」

音声を聞く前に空欄を見て，どのような語句が入るか予想しよう。数を聞き取る問題は，アクセントに注意しよう。

## 日本語訳

**No.1** 　女：デイビッド，お祭りは ｱ 金曜日から日曜日まで 開催されるのよね？

　　　　男：そうだよ，教子。僕は ｱ 2日目に 音楽ホールで行われるダンスイベントに参加する予定だよ。

　　　　女：いいわね！私も参加していい？

　　　　男：いいよ。それは午後 ｲ 3時 に始まるよ。ｲ 30分前（＝午後2時30分） に現地で待ち合わせしよう。僕らはダンスをするときに ｳ 青いTシャツ を着るんだ。持っている？

　　　　女：ええ，持っているわ。それを持っていくね。

**解説**
Explanation

お祭り：
金 曜日〜 日 曜日

ダンスイベント：
2 日目
開始時刻：午後 3 時
集合時刻： 30 分前
Tシャツの色： 青 色

**No.2** 　男：この建物は何だろう，ケイト？とても古そうだね。

　　　　女：これは ｱ 博物館 よ，英太。約 ｲ 150 年前に建てられて，学校として使われたの。

　　　　男：ここでは何を見ることができるの？

　　　　女：昔の人々がどのように ｳ 生活していた かを見られるわ。では中に入りましょうか？

　　　　男：うん。行こう。

ｱ
museum「博物館／美術館」を聞き取ろう。
ｲ
one hundred and fifty（＝150）
fiftyのアクセントに注意。fiftyのアクセントは前にあるよ。
ｳ
how以下が間接疑問。lived「生活していた」を聞き取ろう。

- 22 -

## 練習問題

解答　No.1　(ア) Sunday　(イ) 11 (in the morning)　No.2　(ア) learn　(イ) Thursday

　🔟

**No.1**
男：Hi, Lisa. This is Mike. How's everything?

女：Great, thanks. ★What's up?

男：My brother is coming to Fukuoka next Friday and will stay here for three weeks.

How about going to a ramen shop together?

He has wanted to eat ramen in Fukuoka ★for a long time.

女：Oh, there's a good ramen shop near my house.

Let's go there.

男：That's great. He will be glad to hear that.

When and where shall we meet?

女：Can you come to my house at ィ eleven in the morning next Saturday?

Then we can walk to the ramen shop together.

男：I'm sorry, I can't. I'm busy until three in the afternoon that day.

How about ★ィ the same time next ァ Sunday?

女：All right. Can I ★invite my friend Nancy?

男：Sure. See you then. Bye.

**No.2**
男：Thank you for coming to our concert today, Aya. How was it?

女：Wonderful! Everyone was great. You especially played the violin very well, James. I really enjoyed the concert.

男：I'm glad to hear that.

女：I want to play the violin, too. ァCan you teach me ★how to play it?

男：ァSure. ィI'm free every Thursday.

Please come to my house and we can practice together.

女：That's nice! Can I visit you next ィ Thursday?

男：Of course.

覚えたい表現
Memory work

★What's up?
「どうしたの？」

★for a long time
「長い間／ずっと」

★the same time
「同じ時間」
★invite ～
「～を招く／誘う」

★how to ～
「～する方法」

- 23 -

音声で流れない語句を答えなくてはならない場合もあるよ。そのようなときは，前後の内容から考えて語句を導き出そう。

## 日本語訳

**No.1**

男：もしもし，リサ。マイクだよ。元気？

女：元気よ。どうしたの？

男：兄(弟)が今度の金曜日に福岡に来て，3週間いるんだ。
一緒にラーメン屋に行かない？
兄(弟)がずっと福岡のラーメンを食べたいって言っててさ。

女：それなら家の近くにおいしいラーメン屋があるわよ。
そこに行こうよ。

男：やったあ。兄(弟)もそれを聞いたら喜ぶよ。
いつどこで待ち合わせをしようか？

女：今度の土曜日，ィ 午前11時 に私の家に来られる？
歩いて一緒にラーメン屋まで行けるわ。

男：ごめん，無理だ。その日は午後3時まで忙しいんだ。
今度の ァ 日曜日 の ィ 同じ時間 はどう？

女：いいわよ。友達のナンシーも誘っていい？

男：もちろんだよ。じゃあそのときね。バイバイ。

**解 説**
**Explanation**

ラーメン屋に行く曜日と時間を答える問題だね。
リサ：土曜日午前11時を提案。
マイク：日曜日の同じ時間を提案。

**No.2**

男：今日はコンサートに来てくれてありがとう，アヤ。どうだった？

女：素敵だったわ！みんな上手だった。特にあなたはバイオリンをとても上手に演奏していたね，ジェームス。
本当にいいコンサートだったわ。

男：それを聞いてうれしいよ。

女：私もバイオリンを弾いてみたいわ。ァ弾き方を教えてくれない？

男：ァいいよ。ィ毎週木曜日は時間があるよ。
僕の家においでよ，それなら一緒に練習できるよ。

女：ありがとう！次の ィ 木曜日 に行ってもいい？

男：もちろんだよ。

ア
ジェームスはアヤにバイオリンを教える＝アヤはジェームスからバイオリンを学ぶ。learn「学ぶ」が適切だよ。音声で流れない単語を書く難問だね。practice を入れると後ろのfrom youと合わないから不適切だね。

イ
Thursday「木曜日」を聞き取ろう。

- 24 -

← さらに詳しい解説

# 第5章　　対話と質問（複数）

## 基本問題

| 解答　No.1　イ　　No.2　ア　　No.3　イ　　No. 4　ア |
| --- |

放送文　

男：Hello, Ms. Brown.

女：Hi, Kenji. You don't look well today. ★What happened?

男：Last week we had a basketball game.

　　I was ★so nervous that I couldn't play well.

　　No.1 イ Finally, our team lost the game.

女：Oh, I understand how you feel.

　　I played basketball for ten years in America.

　　I felt nervous during games, too.

男：Oh, did you? No.2 ア I always ★feel sorry for my friends in my team when I make mistakes in the game.

女：Kenji, I had the same feeling. When I made a mistake in the game, I ★told my friends that I was sorry.

　　But one of my friends said, "Don't feel sorry for us. We can ★improve by making mistakes. You can try again!"

　　She told me with a big smile.

　　Her words and smile ★encouraged me.

　　★Since then, I have ★kept her words in mind.

男：Thank you, Ms. Brown. I learned a very important thing from you. No.4 ア Now I believe that I can improve my basketball skills by making mistakes.

女：Great, Kenji! I'm glad to hear that. No.3 イ When is your next game?

男：Oh, No.3 イ it's in November. Please come to watch our game!

女：Sure. I'm ★looking forward to seeing it. Good luck.

男：Thank you, Ms. Brown. I'll ★do my best.

### 覚えたい表現 Memory work

★What happened?
「何かあった？」

★so…that ～
「とても…なので～」

★feel sorry for ～
「～に申し訳なく思う」

★tell＋人＋that ～
「(人)に～と言う」

★improve
「上達する」

★encourage ～
「～を励ます」
★since then
「それ以来」
★keep ～ in mind
「～を心に留める」

★look forward to ～ing
「～することを楽しみにする」
★do one's best
「ベストを尽くす」

音声を聞く前に問題文や選択肢を読んでおこう。対話が長いので，集中力を切らさず，答えに関する内容を正しく聞き取ってメモしよう。

## 日本語訳

男：こんにちは，ブラウン先生。

女：あら，ケンジ。今日は元気がないわね。何かあった？

男：先週，バスケットボールの試合がありました。

とても緊張してうまくプレーできなかったんです。

No.1 イ 結局，僕らのチームは試合に負けてしまいました。

女：まあ，私はあなたの気持ちがわかるわ。

私はアメリカで10年間バスケットボールをしていたの。

私もゲーム中に緊張していたわ。

男：先生もですか？ No.2 ア 僕は試合でミスをしたとき，いつもチームの友達に申し訳なく思います。

女：ケンジ，私も同じ気持ちだったわ。試合で自分がミスをしたとき，

友達に謝っていたの。

でも，友達の1人が，「申し訳なく思うことはないわ。

私たちはミスをすることで上達するの。

また挑戦すればいいのよ！」と満面の笑みで言ってくれたのよ。

彼女の言葉と笑顔に励まされたわ。

それ以来，彼女の言葉を心に留めているの。

男：ありがとうございます，ブラウン先生。僕は先生からとても大切なことを学びました。No.4 ア 今はミスをすることによってバスケットボールの技術を上達させられると信じています。

女：すごい，ケンジ！それを聞いてうれしいわ。No.3 イ 次の試合はいつ？

男：ああ，No.3 イ 11月にあります。僕たちの試合を見に来てください！

女：いいわ。試合を見るのを楽しみにしているわ。がんばってね。

男：ありがとうございます，ブラウン先生。ベストを尽くします。

解説
Explanation

・先週の試合でケンジのチームは負けた。

・ブラウン先生はアメリカで10年間バスケットボールをしていた。

・ケンジはミスをすると友達に申し訳ないと思う。

・ブラウン先生はミスをすると友達に謝っていた。

・しかし，ブラウン先生の友達がまた挑戦すればいいと言った。その言葉と笑顔に励まされた。

・ケンジはブラウン先生からとても大切なことを学んだ。今ではミスをすることでバスケットボールの技術が上達すると信じている。

・ケンジの次の試合は11月にある。

・ブラウン先生は試合を楽しみにしている。

・ケンジはベストを尽くすつもりだ。

## 練習問題

解答　No.1　イ　　No.2　イ　　No.3　エ　　No.4　エ

放送文　⦿12

女：Hi, Daiki. What will you do during the spring vacation?

男：My family will spend five days in Tokyo with my friend, Sam.
　　He is a high school student from Sydney. I met him there.

女：I see. No.1 イ Did you live in Sydney?

男：No.1 イ Yes. My father worked there when I was a child.
　　Sam's parents *asked my father to take care of Sam in Japan.
　　No.2 イ He will come to my house in Osaka next week.

女：Has he ever visited Japan?

男：No, he hasn't. I haven't seen him for a long time, but we
　　often send e-mails to *each other.

女：How long will he stay in Japan?

男：For ten days. No.3 エ Have you ever been to Tokyo, Cathy?

女：No.3 エ No, but I'll visit there this May with my friend, Kate.
　　She lives in America. Do you often go to Tokyo?

男：Yes. My grandmother lives there.
　　We will visit the zoo and the museum with her.
　　We will also go shopping together.

女：*That sounds good. Sam will be very glad.

男：I hope so. Well, I sent him a book about Tokyo which has
　　*a lot of beautiful pictures.

女：Cool. I also want to give a book like that to Kate because
　　No.4 エ she likes taking pictures of beautiful places.
　　*Actually, she has been to many foreign countries to take
　　pictures.

男：That's interesting. I like taking pictures, too.
　　So I want to see the pictures she took in other countries.

女：OK. I'll tell her about that.

男：Thank you.

Question No.1：Where did Daiki live when he was a child?

Question No.2：Who will come to Daiki's house next week?

Question No.3：Has Cathy visited Tokyo before?

Question No.4：What does Kate like to do?

覚えたい表現
Memory work

★ask＋人＋to 〜
「（人）に〜するよう
に頼む」

★each other
「お互いに」

★That sounds
good.
「それはいいね」
★a lot of 〜
「たくさんの〜」

★actually
「実際に／実は」

ダイキとキャシーの対話。ダイキの友達のサムと，キャシーの友達のケイトも出てくるよ。音声を聞きながら，誰が何をしたかをメモしよう。

## 日本語訳

解説
Explanation

女：こんにちは，ダイキ。春休みは何をするの？

男：家族で，友達のサムと一緒に東京に5日間滞在するよ。サムはシドニー出身の高校生だよ。僕はシドニーで彼と知り合ったんだ。

女：そうなんだ。No.1ｲあなたはシドニーに住んでいたの？

男：No.1ｲそうだよ。僕が子どものころ，父がシドニーで働いていたんだ。サムの両親が，日本に行くサムの面倒を見てくれるよう父に頼んだんだよ。

No.2ｲサムは来週，大阪の我が家に来るよ。

女：彼は日本に来たことがあるの？

男：ないよ。僕も長いこと彼に会っていないんだ，でもお互いによくメールを送り合っているよ。

女：彼は日本にどのくらい滞在するの？

男：10日間だよ。No.3ｴキャシーは東京に行ったことある？

女：No.3ｴいいえ，でも友達のケイトと，今年の5月に行くつもりよ。彼女はアメリカに住んでいるわ。あなたはよく東京に行くの？

男：うん。祖母が住んでいるんだ。僕たちは，祖母と一緒に動物園と博物館に行く予定だよ。それから一緒に買い物にも行くつもりなんだ。

女：それはいいわね。サムはとても喜ぶと思うわ。

男：そうだといいな。そういえば，僕はサムに，素敵な写真がたくさん載っている東京に関する本を送ったんだよ。

女：いいわね。私もそういう本をケイトに送りたいわ，No.4ｴ彼女は美しい場所の写真を撮るのが好きだから。実は，彼女は写真を撮るためにたくさん外国に行っているのよ。

男：それは興味深いな。僕も写真を撮るのが好きだよ。だから彼女が外国で撮った写真を見たいな。

女：わかった。彼女にそう伝えておくわ。

男：ありがとう。

Question No.1：ダイキは子どものころ，どこに住んでいましたか？

Question No.2：来週，誰がダイキの家に来ますか？

Question No.3：キャシーは以前，東京に行ったことがありますか？

Question No.4：ケイトは何をするのが好きですか？

No.1
ダイキについての質問だね。ダイキは幼少期にシドニーに住んでいたと言っているね。

No.2
ダイキの家に来るのは，ダイキの友達のサムだね。

No.3
キャシーは，東京に行く予定はあるけど，まだ行ったことはないと言っているね。Has Cathy ～？と聞かれたから，No, she hasn't. と答えよう。

No.4
キャシーが友達のケイトの好きなことを紹介しているね。

← さらに詳しい解説

## 第 6 章　　　　英文と質問（複数）

**基本問題**

| 解答　No.1　ア　　No.2　エ　　No.3　ウ |
| --- |

Today is the last day before summer vacation.

From tomorrow, you'll have twenty-five days of vacation and I'll give you some homework to do.

For your homework, you must write a report about the problems in the *environment and you must use *more than one hundred English words.

We've *finished reading the textbook about the problems in the environment.

So, No.1 ア in your report, you must write about *one of the problems in the textbook that is interesting to you.

*The textbook says that there are many kinds of problems like water problems or fires in the mountains.

No.2 エ The textbook also says that everyone in the world must continue thinking about *protecting the environment from these problems.

If you want to know more about it, use the Internet or books in the city library.

No.3 ウ Please give me your report at the next class.

I hope you enjoy this homework and have a good vacation.

**覚えたい表現**
**Memory work**

★environment
「環境」
★more than ～
「～以上」
★finish ～ ing
「～し終える」

★one of ～
「～の１つ」

★the textbook says
(that) ～「教科書には～と書いてある」

★protect A from B
「BからAを守る」

音声を聞く前に，問題文，質問，選択肢の内容から，聞き取るべきキーワードをイメージできたかな？それらのキーワードに関連する部分を中心にメモをとろう。

## 日本語訳

今日は夏休み前の最終日です。

明日からみなさんは25日間の休暇に入るので，宿題を出します。

みなさんは宿題として，環境問題についてのレポートを書いてください，なお，英単語を100語以上使わなければいけません。

私たちは環境問題についての教科書を読み終えました。

ですから No.1 ₇レポートでは，教科書の中で自分の興味がある問題の1つについて書いてください。

教科書には，水問題や山火事のような，多くの種類の問題があると書いてあります。

No.2 ₌また，教科書には，世界中の誰もが，これらの問題から環境を守ることを考え続けなければいけない，とも書いてあります。

もっと詳しく知りたい人は，インターネットや市立図書館にある本を利用してください。

No.3 ₉レポートは，次の授業で私に提出してください。

みなさんがこの宿題を楽しみ，良い休暇を過ごすことを願っています。

## 解 説
### Explanation

・夏休み前の最終日。明日から25日間の休みに入る。

・環境問題についてのレポートを書く。英単語を100語以上使う。

・環境問題についての教科書を読み終えた。

・教科書の中で興味がある問題を選ぶ。

・教科書には世界中の誰もが環境を守ることについて考え続けなければならないと書いてある。

・詳しく知りたい人はインターネットや市立図書館の本を利用する。

・次の授業でレポートを提出する。

## 練習問題

**解答　No.1　イ　　No.2　エ　　No.3　ウ　　No.4　イ**

 放送文　 14

Today, I'll tell you about my grandmother's birthday party.

Before her birthday, I talked about a birthday present for her with my father and mother.

My father said, "Let's go to a cake shop and buy a birthday cake." No.1 イ My mother said, "That's a good idea. I know a good cake shop." But when I saw my bag, I had another idea. I said, "No.2 エ My grandmother made this bag *as my birthday present last year, so I want to make a cake for her."

They agreed.

No.3 ウ On her birthday, I started making the cake at nine in the morning. My father and mother helped me because that was *my first time. I finished making it at one in the afternoon.

We visited my grandmother at six and started the party for her.

First, we enjoyed a special dinner with her.

After that, I showed her the cake.

When she saw it, she said, "Wow, did you make it? I'm so happy. Thank you, Kyoko."

I *was happy to hear that.

No.4 イ Then we *sang a birthday song for her and ate the cake with her. I'll never forget that wonderful day.

Question No.1 : Who knew a good cake shop?

Question No.2 : Why did Kyoko want to make a cake for her grandmother?

Question No.3 : *How many hours did Kyoko need to make the cake?

Question No.4 : What did Kyoko do at her grandmother's birthday party?

**覚えたい表現 Memory work**

★as ～「～として」

★my first time
「（私にとって）初めてのこと」

★be happy to ～
「～してうれしい」
★sang
sing「歌う」の過去形

★How many
hours ～？
「何時間～？」

選択肢から，No.1は人物，No.2は理由，No.3は時間，No.4は行動についての質問だと推測できるね。関連部分の音声に注意しながら聞き取ってメモをし，質問にそなえよう。

## 日本語訳

解　説
Explanation

今日は，私の祖母の誕生日パーティーについて話そうと思います。

誕生日の前に，私は，祖母にあげる誕生日プレゼントについて両親と話しました。

父は，「ケーキ屋に行って誕生日ケーキを買おう」と言いました。

No.1 ｲ母は，「いい考えね。私はおいしいケーキ屋を知っているわ」と言いました。しかし私は，自分のバッグを見て別の考えが浮かびました。

「No.2 ｴおばあちゃんは去年，私の誕生日プレゼントとしてこのバッグを作ってくれたの。だから私はケーキを作りたいわ」と私は言いました。両親も賛成してくれました。

No.3 ｳ誕生日当日，私は午前9時からケーキを作り始めました。ケーキ作りは初めてのことだったので，両親が手伝ってくれました。私は午後1時にケーキを作り終えました。

私たちは6時に祖母の家に行き，パーティーを始めました。

まず，一緒にごちそうを楽しみました。

その後，私は祖母にケーキを見せました。

それを見ると，祖母は，「まあ，自分で作ったの？とってもうれしいわ。ありがとう，教子」と言いました。

私はそれを聞いてうれしくなりました。

No.4 ｲそれから私たちは，祖母のために誕生日の歌を歌って，一緒にケーキを食べました。私はあの素晴らしい日を決して忘れません。

Question No.1：おいしいケーキ屋を知っていたのは誰ですか？

Question No.2：教子はなぜ祖母にケーキを作ってあげたかったのですか？

Question No.3：教子はケーキを作るのに何時間かかりましたか？

Question No.4：教子は祖母の誕生日パーティーで何をしましたか？

No.1
おいしいケーキ屋を知っていた人は，ケーキを買おうと言ったお父さんではないよ。教子のお母さんだね。

No.2
おばあちゃんがバッグを作ってくれたから，自分も手作りのものをあげたいと思ったんだね。

No.3
午前9時から午後1時までだから，4時間だね。

No.4
教子が話したのは，イの「祖母のために両親と誕生日の歌を歌った」だね。

## 第 7 章　　　　作　文

### 基本問題

| | | |
|---|---|---|
| 解答 | No.1 | （例文）We can give her some flowers. |
| | No.2 | （例文）I can play soccer with him.  It's bcause I can talk with him in Japanese while we are playing soccer. |

 放送文  15

**No.1**　囡：Hi, John. Do you know our classmate Eiko will leave
Tokyo and live in Osaka from next month?
We have to *say goodbye to her soon.

男：Really, Kyoko? I didn't know that. I'm very sad.

囡：Me, too. Well, <u>let's do something for Eiko.</u>
<u>What can we do</u>?

男：(　　　　)

★say goodbye to 〜
「〜にさよならを言う」

覚えたい表現
Memory work

★say goodbye to 〜
「〜にさよならを言う」

**No.2**　Hello, everyone.

Next week a student from Australia will come to our
class and study with us for a month.

His name is Bob.

He wants to enjoy his stay.

<u>He likes sports very much and wants to learn Japanese.</u>

<u>Please tell me what you can do for him and why.</u>

No.1では引っ越すクラスメートに，No.2ではオーストラリアからの留学生に対してできることを英文で書くよ。間違えずに書ける単語や表現を使って短くまとめよう。

## 日本語訳

No.1　⑨：こんにちは，ジョン。クラスメートのエイコが東京を去り，

　　　　来月から大阪に住むことになったって知ってる？

　　　　もうすぐさよならを言わなければならないわ。

　　　⑨：本当に，教子？それは知らなかったよ。とても悲しいね。

　　　⑨：私もよ。エイコのために何かしましょう。

　　　　何ができるかしら？

　　　⑨：(　　　　　)

No.2　みなさん，こんにちは。

　　　来週，オーストラリアから１人の留学生がこのクラスに来て，

　　　一緒に１か月間勉強する予定です。

　　　彼の名前はボブです。

　　　彼はこの滞在を楽しみたいと思っています。

　　　彼はスポーツが大好きで，日本語を学びたいと思っています。

　　　あなたが彼のためにできることと，その理由を教えてください。

No.1
東京から大阪へ引っ越すクラスメートにしてあげられることを書こう。
(例文の訳)
「花束をあげることができるね」
「(人)に(もの)をあげる」＝give＋人＋もの

No.2
スポーツが大好きで日本語を学びたい留学生のためにできることと，その理由を書こう。
(例文の訳)
「僕は彼と一緒にサッカーをすることができます。サッカーをしながら，彼と日本語で話をすることができるからです」

## 練習問題

> 解答　No.1　ウ　　No.2　They should tell a teacher.
>
> No.3　（例文）I want to go to America because there are a lot of places to visit.

 放送文　

★Welcome to our school. I am Lucy, a second-year student of this school. We are going to show you around our school today. Our school was built in 2019, so it's still new.

Now we are in the gym.

We will start with the library, and I will ★show you how to use it. Then we will look at classrooms and the music room, and ₙₒ.₁ ウ we will finish at the lunch room. There, you will meet other students and teachers.

After that, we are going to have ★a welcome party.

There is something more I want to tell you.

We took a group picture ★in front of our school.

ₙₒ.₂ If you want one, you should tell a teacher tomorrow.

Do you have any questions?

Now let's start.

Please come with me.

Question No.1：Where will the Japanese students meet other students and teachers?

Question No.2：If the Japanese students want a picture, what should they do tomorrow?

Question No.3：If you study abroad, what country do you want to go to and why?

---

覚えたい表現
Memory work

★Welcome to ～.
「～へようこそ」

★show＋人＋もの
「（人）に（もの）を見せる」

★a welcome party「歓迎会」

★in front of ～
「～の前で」

「…ので〜したい」＝I want to 〜 because …. は英作文でよく使う形なので覚えておこう。

**日本語訳**

私たちの学校へようこそ。私はルーシー，この学校の2年生です。

今日はみなさんに学校を案内します。

私たちの学校は2019年に建てられました，ですからまだ新しいですね。

私たちは今，体育館にいます。

まず図書館から始めましょう，その使い方を教えます。

それから，教室と音楽室を見て，No.1 ゥ最後に食堂を見ます。そこで，みなさんは他の生徒や先生と対面することになっています。

その後，歓迎会をする予定です。

みなさんにお伝えしたいことがもう少しあります。

校舎の前でグループ写真を撮りましたね。

No.2その写真が欲しい人は，明日先生に申し出てください。

何か質問はありますか？

では行きましょう。

私についてきてください。

Question No.1：日本の生徒はどこで他の生徒や先生と会いますか？

Question No.2：日本の生徒は写真が欲しい場合，明日何をすべきですか？

Question No.3：もしあなたが留学するなら，どの国に行きたいですか，
そしてそれはなぜですか？

**解説**
Explanation

No.1
他の生徒や先生と対面する場所は食堂＝the lunch roomだから，ウだね。

No.2
Ifで始まる文の後半の内容を答えればいいね。

No.3
したいこととその理由を答えるときは，I want to 〜 because …. の形を使おう。
（例文の訳）
「訪れるたくさんの場所があるので，私はアメリカに行きたいです」

− 36 −

| P3 | What do you want to do in the future? | あなたは将来何をしたいですか？ |
|---|---|---|
| | by bike | 自転車で |
| | Can you ～ ? | ～してくれませんか？ |
| | Can I ～ ? | ～してもいいですか？ |
| | look at ～ | ～を見る |
| | have to ～ | ～しなければならない |
| P5 | What's the matter? | どうしたの？ |
| | last night | 昨夜 |
| | go to bed | 寝る |
| | get up | 起きる |
| | for ～（期間を表す言葉） | ～の間 |
| | stop ～ ing | ～することをやめる |
| | How about ～ ? | ～はどうですか？ |
| | Thank you for ～ ing. | ～してくれてありがとう |
| | for ～（対象を表す言葉） | ～のために |
| P7 | What time shall we meet? | 何時に待ち合わせる？ |
| | the ＋最上級＋ in ＋○○ | ○○の中で最も… |
| | no ＋人 | （人）が1人も～ない |
| | I've never ～ . | 私は一度も～したことがない |
| | keep ＋人／もの＋状態 | （人／もの）を（状態）に保つ |
| P9 | school festival | 学園祭 |
| | look ～ | ～のように見える |
| | next to ～ | ～のとなりに |
| | I hear（that）～ . | ～だそうだ |
| | be good at ～ ing | ～することが得意だ |
| | be glad to ～ | ～してうれしい |
| | over ～ | ～以上 |
| | make a speech | スピーチをする |
| | the number of ～ | ～の数 |
| | keep ～ ing | ～し続ける |
| | go up | 増加する |
| | go down | 減少する |
| P11 | Have you ever been to ～ ? | ～に行ったことがありますか？ |
| | May I help you? | お手伝いしましょうか？／いらっしゃいませ |
| | look for ～ | ～を探す |
| | What are you going to do? | 何をするつもりですか？ |
| | go fishing | 釣りに行く |
| | May I speak to ～ ? | （電話で）～さんをお願いてきますか？ |
| P13 | You have the wrong number. | 番号が違っています |
| | I've just ＋過去分詞 . | ちょうど～したところだ |
| | be famous for ～ | ～て有名てある |
| | How long does it take to ～ ? | ～するのにどれくらい時間がかかりますか？ |
| | There is no ～ . | ～がない |
| P15 | be ready | 準備ができている |
| | tell ＋人＋ to ～ | （人）に～するように言う |
| | Would you like some more? | もう少しいかが？ |
| | How much ～ ? | ～はいくらですか？ |

| P17 | Are you free? | (時間)が空いている？ |
|---|---|---|
| | be out | 外出している |
| | want ＋人＋ to ～ | (人)に～してほしい |
| | Can I leave a message? | 伝言をお願いてきますか？ |
| | Could you ～? | ～していただけませんか？ |
| P19 | What kind of ～? | どんな種類の～？ |
| | be surprised to ～ | ～して驚く |
| | decide to ～ | ～することに決める／決心する |
| | from A to B | AからBまで |
| | international | 国際的な |
| P21 | be held | 開催される |
| | on the second day | 2日目に |
| | a long time ago | 昔 |
| | Shall we ～? | (一緒に)～しましょうか？ |
| P23 | What's up? | どうしたの？ |
| | for a long time | 長い間／ずっと |
| | the same time | 同じ時間 |
| | invite ～ | ～を招く／誘う |
| | how to ～ | ～する方法 |
| P25 | What happened? | 何かあった？ |
| | so…that ～ | とても…なので～ |
| | feel sorry for ～ | ～に申し訳なく思う |
| | tell ＋人＋ that ～ | (人)に～と言う |
| | improve | 上達する |
| | encourage ～ | ～を励ます |
| | since then | それ以来 |
| | keep ～ in mind | ～を心に留める |
| | look forward to ～ ing | ～することを楽しみにする |
| | do one's best | ベストを尽くす |
| P27 | ask ＋人＋ to ～ | (人)に～するように頼む |
| | each other | お互いに |
| | That sounds good. | それはいいね |
| | a lot of ～ | たくさんの～ |
| | actually | 実際に／実は |
| P29 | environment | 環境 |
| | more than ～ | ～以上 |
| | finish ～ ing | ～し終える |
| | one of ～ | ～の1つ |
| | the textbook says (that) ～ | 教科書には～と書いてある |
| | protect A from B | BからAを守る |
| P31 | as ～ | ～として |
| | my first time | (私にとって)初めてのこと |
| | be happy to ～ | ～してうれしい |
| | sang | sing「歌う」の過去形 |
| | How many hours ～? | 何時間～？ |
| P33 | say goodbye to ～ | ～にさよならを言う |
| P35 | Welcome to ～. | ～へようこそ |
| | show ＋人＋もの | (人)に(もの)を見せる |
| | a welcome party | 歓迎会 |
| | in front of ～ | ～の前で |

聞き違いをしやすい表現
**Easy to mistake**

 17

## 1 聞き違いをしやすい数

サーティーン サーティ
**thirteen**「13」と **thirty**「30」

 アクセントの位置に着目

後 前
thirteen「13」と thirty「30」

フォーティーン フォーティ
fourteen「14」と forty「40」

シックスティーン シックスティ
sixteen「16」と sixty「60」

エイティーン エイティ
eighteen「18」と eighty「80」

フィフティーン フィフティ
fifteen「15」と fifty「50」

セブンティーン セブンティ
seventeen「17」と seventy「70」

ナインティーン ナインティ
nineteen「19」と ninety「90」

## 2 聞き違いをしやすい英語

キャン キャン（ト）
**can**「できる」と **can't**「できない」

 次の単語との間に着目

間がない 間がある
can 〜 can't 〜

ウォント ワントゥ
won't「しないつもり」と want to「したい」

フェアー フェン
where「どこ？」と when「いつ？」

## 3 同じ発音で違う意味の英語

ワン ワン
**won**「勝った」と **one**「1」

レッド レッド
red「赤」と read「読んだ」

 単語の位置や文の意味で判断

「アイ ワン ザ プライズ」だったら
→ I **won** the prize.
私は賞を勝ち取りました

「アイ チョゥズ ワン」だったら
→ I chose **one**.
私は1つを選びました

## 4 セットで読まれる英語

ゼァリズ
**There is**

 連語表現の発音に慣れよう

「ゼアー」と「イズ」を続けて読むと「ゼァリズ」
There    is

| ゲラップ | ピカップ | オプニット | シェイキット | トーカバウト | ハフトゥ |
|---|---|---|---|---|---|
| get up | pick up | open it | shake it | talk about | have to |
| ワノブ | ウォンチュー | ミーチュー | ディジュー | ミシュー | |
| one of | want you | meet you | Did you | miss you | |

# 高校入試対策

# 英語リスニング 練習問題

## 基本問題集

### contents

※解答集は別冊です

# はじめに

　グローバル化が急速に進展する中で，外国語によるコミュニケーション能力は，一部の業種や職種だけでなく，今後の生活の様々な場面で必要になってきます。

　学習指導要領では，小・中・高等学校での一貫した外国語教育を通して，外国語による「聞くこと」，「読むこと」，「話すこと」，「書くこと」の4つの技能を習得し，簡単な情報や考えなどを理解したり伝えあったりするコミュニケーション能力を身につけることを目標としています。

　これを受けて，高校入試の英語リスニング問題は，公立高校をはじめ私立高校においても，問題数の増加や配点の上昇が顕著になってきています。

　本書は，全国の高校入試の英語リスニングでよく出題されるパターンを，7つの章に分類し，徹底的に練習できるようになっています。リスニングの出題形式に慣れるとともに，解き方，答え合わせや復習のしかたがよく分かるようになるので，限られた時間の中で効率よく学習ができます。

　高校入試の英語リスニング問題は，基礎的な単語や文法が中心で，長文読解問題に比べればそれほど複雑な内容ではありません。聴き取れれば解ける問題ばかりです。

　本書で，やさしい問題から入試レベルの問題までを繰り返し練習し，入試本番の得点力を身につけてください。

## この問題集の特長と使い方

### 1．準備をする！

　高校入試では一斉リスニングの場合がほとんどです。できればイヤホン（ヘッドホン）を使わずに，CD プレイヤーやスピーカーを準備しよう。

　問題は，章ごとに「基本問題」と「練習問題」があります。「基本問題」に取りかかる前に，「<sup>👆</sup>ポイント」を読んでおこう。ヒントや メモ，ミスに注意 にも，あらかじめ目を通しておこう。

### 2．問題に取り組む！

　準備ができたら，集中して音声を聴こう。間違えてもいいので必ず答えを書くことを心がけよう。

### 3．解答だけを確認する！

　ひとつの問題を解き終えたら，解答集ですぐに答え合わせをしよう。このとき，まだ放送文や日本語訳は見ないでおこう。解答だけを確認したら，もう一度音声を聴こう。正解した問題は聴き取れたところを，間違えてしまった問題は聴き取れなかったところを，意識しながら聴いてみよう。

### 4．放送文を確認する！

　今度は，解答集の放送文（英文）を目で追いながら音声を聴いてみよう。このとき，キーワードやキーセンテンス（カギとなる重要な文）を確実に聴き取れるまで何度も繰り返し聴いてみよう。途中で分からなくなったら最初から聴き直そう。

## 5．覚えたい表現やアドバイスを確認する！

　　解答集では，英語リスニング問題でよく出る「覚えたい表現」や，同じパターンの問題を解くときのコツなどをアドバイスしています。よく読んでおこう。

## 6．日本語訳を確認する！

　　解答集は，放送文と日本語訳が見開きのページに載っているので，照らし合わせながら確認しよう。内容を正しく理解できているか，会話表現の独特な言い回しをきちんと把握できているかを確認しよう。知らなかった単語や表現はここでしっかりと覚えておこう。

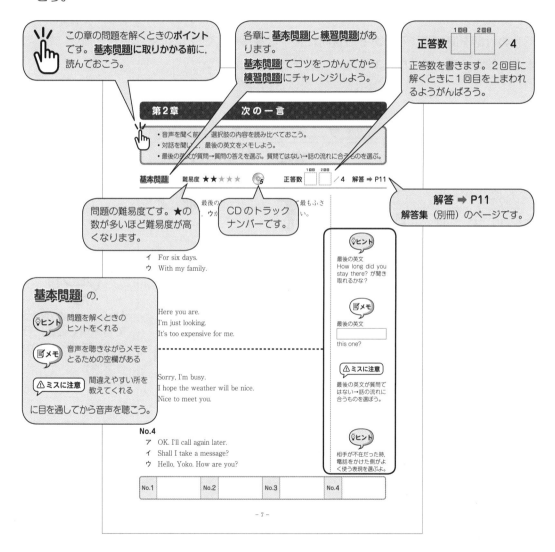

# 第1章　　　　　絵・グラフ

- 音声を聞く前に選択肢の絵やグラフを見比べておこう。
- 絵やグラフを見比べたら，どんな英文が流れるか予想してみよう。
- 音声を聞きながら，答えに関係しそうな内容をメモしよう。

**基本問題Ａ**　難易度 ★★★★★　　　正答数
|1回目|2回目|
|---|---|
| | |
／3　解答 ➡ P 3

　　次の対話を聞いて，そのあとの質問に対する答えとして最もふさわしい絵を，ア，イ，ウ，エから１つ選び，記号を書きなさい。

## No.1

ア　　　　　　　　　イ　　　　　　　　　ウ　　　　　　　　　エ

ヒント

職業を選ぶ問題かな？

## No.2

ア　　　　　　　　　イ　　　　　　　　　ウ　　　　　　　　　エ

ヒント

「ヘルメットをかぶって自転車で公園に行き，野球をする」といった話かな？

## No.3

ア　　　　　　　　　イ　　　　　　　　　ウ　　　　　　　　　エ

  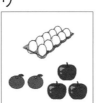 

メモ

卵

みかん □ 個

りんご □ 個

ジュース

| No.1 | | No.2 | | No.3 | |
|---|---|---|---|---|---|
| | | | | | |

次の英文や対話を聞いて，そのあとの質問に対する答えとして最もふさわしい絵を，**ア**，**イ**，**ウ**，**エ**から1つ選び，記号を書きなさい。

## No.1

ア　　　　イ　　　　ウ　　　　エ

 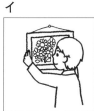  

ヒント

腕時計＝watch
掛け時計／置き時計
＝clock

## No.2

ア　　　　イ　　　　ウ　　　　エ

ヒント

天気：雨／雪
移動手段：
徒歩／自転車
どっちかな？

## No.3

ア　　　　イ　　　　ウ　　　　エ

昨夜　今朝　昨夜　今朝　昨夜　今朝　昨夜　今朝

メモ

昨夜 [　　　]。

今朝 [　　　]。

## No.4

ア　　　　イ　　　　ウ　　　　エ

ミスに注意

AMは午前，PMは午後だね。寝た時刻？起きた時刻？

| No.1 | | No.2 | | No.3 | | No.4 | |
|---|---|---|---|---|---|---|---|

次の対話を聞いて，そのあとの質問に対する答えとして最もふさわしい絵やグラフを，ア，イ，ウ，エから1つ選び，記号を書きなさい。

## No.1

## No.2

## No.3

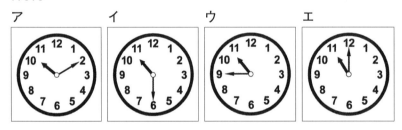

## No.4 「球技大会で何をやりたいか？」～クラス別　アンケート結果～

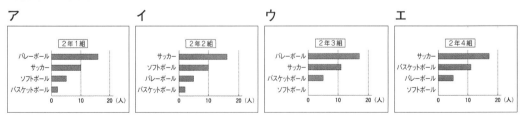

| No.1 | | No.2 | | No.3 | | No.4 | |
|---|---|---|---|---|---|---|---|

次の対話や英文を聞いて，そのあとの質問に対する答えとして最もふさわしい絵やグラフを，ア，イ，ウ，エから1つ選び，記号を書きなさい。

## No.1

ア　　　　　イ　　　　　ウ　　　　　エ

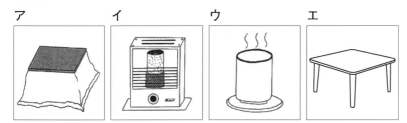

## No.2

## No.3

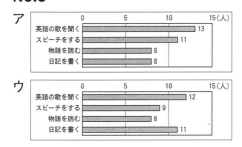
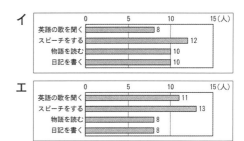

## No.4

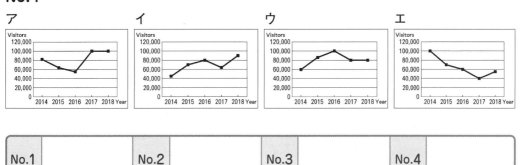

| No.1 | | No.2 | | No.3 | | No.4 | |
|------|--|------|--|------|--|------|--|

# 第2章　　　　次の一言

- 音声を聞く前に，選択肢の内容を読み比べておこう。
- 対話を聞いて，最後の英文をメモしよう。
- 最後の英文が質問→質問の答えを選ぶ。質問ではない→話の流れに合うものを選ぶ。

**基本問題**　難易度 ★★☆☆☆　　正答数 [1回目][2回目] ／ 4　解答 ➡ P11

次の対話を聞いて，最後の英文に対する受け答えとして最もふさわしいものを，**ア，イ，ウ**から1つ選び，記号を書きなさい。

## No.1
ア　By plane.
イ　For six days.
ウ　With my family.

## No.2
ア　Here you are.
イ　I'm just looking.
ウ　It's too expensive for me.

## No.3
ア　Sorry, I'm busy.
イ　I hope the weather will be nice.
ウ　Nice to meet you.

## No.4
ア　OK. I'll call again later.
イ　Shall I take a message?
ウ　Hello, Yoko. How are you?

最後の英文
How long did you stay there? が聞き取れるかな？

最後の英文
[　　　　　]
this one?

最後の英文が質問ではない→話の流れに合うものを選ぼう。

相手が不在だった時，電話をかけた側がよく使う表現を選ぶよ。

| No.1 | | No.2 | | No.3 | | No.4 | |
|------|---|------|---|------|---|------|---|

次の対話を聞いて，最後の英文に対する受け答えとして最もふさわしいものを，ア，イ，ウ，エから1つ選び，記号を書きなさい。

## No.1

ア　I don't know your phone number.

イ　I see. Do you want to leave a message?

ウ　Can you ask him to call me?

エ　I'm so sorry.

## No.2

ア　Sorry. I haven't washed the tomatoes yet.

イ　I don't think so. Please help me.

ウ　Thanks. Please cut these carrots.

エ　All right. I can't help you.

## No.3

ア　Ten o'clock in the morning.

イ　Only a few minutes.

ウ　Four days a week.

エ　Every Saturday.

## No.4

ア　Sure. I'll do it now.

イ　No. I've never sent him a letter.

ウ　Yes. You found my name on it.

エ　Of course. I finished my homework.

| No.1 | | No.2 | | No.3 | | No.4 | |
|------|--|------|--|------|--|------|--|

- 音声を聞く前に，選択肢の内容を読み比べておこう。
- 対話を聞いて，人物の名前や行動などをメモしよう。
- 質問を聞いて，誰の何についての質問かメモしよう。

**基本問題**　難易度 ★★★★★　　正答数 ⬜ ⬜ ／3　解答 ➡ P15

1回目　2回目

次の対話や英文を聞いて，そのあとの質問に対する答えとして最もふさわしいものを，**ア，イ，ウ，エ**から1つ選び，記号を書きなさい。

## No.1

ア　She is going to do Mike's homework with her husband.
イ　She is going to cook dinner in the dining room.
ウ　She is going to go to the dining room with Mike.
エ　She is going to eat dinner with her husband and Mike.

**メモ**

マイク：⬜ が終わった。おなかが ⬜。⬜ を呼びに行く。
母親：⬜ の準備ができた。

## No.2

ア　Yes, please. I want more.
イ　Help yourself, Lisa.
ウ　I'm sorry. I can't cook well.
エ　Of course. You can take it.

**ヒント**

対話の最後のリサの勧めに対する答えを選ぶよ。

## No.3

ア　They are in the nurse's office.
イ　They are in the library.
ウ　They are at a stationery shop.
エ　They are at a birthday party.

**ヒント**

選択肢のThey areは共通だね。場所を選ぶ問題だよ。

| No.1 | | No.2 | | No.3 | |
|------|--|------|--|------|--|

次の対話を聞いて，そのあとの質問に対する答えとして最もふさわしいものを，ア，イ，ウ，エから1つ選び，記号を書きなさい。

## No.1
ア　This Saturday.
イ　This Sunday.
ウ　Tomorrow.
エ　Next Monday.

## No.2
ア　To do Tom's homework.
イ　To bring Eita's math notebook.
ウ　To call Tom later.
エ　To leave a message.

## No.3
ア　Because Mike said some museums in his country had *ukiyoe*.
イ　Because Mike learned about *ukiyoe* last weekend.
ウ　Because Mike went to the city art museum in Japan last weekend.
エ　Because Mike didn't see *ukiyoe* in his country.

## No.4
ア　It took about 25 minutes from Toyama to Kanazawa.
イ　Hiroshi walked from Kanazawa Station to Kenroku-en.
ウ　Hiroshi went to many countries during his holiday.
エ　Hiroshi took a bus in Kanazawa.

| No.1 | | No.2 | | No.3 | | No.4 | |
|------|--|------|--|------|--|------|--|

- 音声を聞く前に空欄を見て，聞き取る内容をしぼろう。
- fifteen「15」とfifty「50」などを聞き分けるために，数はアクセントに注意しよう。
- Tuesday「火曜日」とThursday「木曜日」の違いなど，曜日を正しく聞き取ろう。

**基本問題**　難易度 ★★☆☆☆　◎9　　正答数 1回目□ 2回目□ ／6　解答 ➡ P21

**No.1**　デイビッドと教子の対話を聞いて，【教子のメモ】のア，イ，ウにあてはまる言葉を日本語または数字で書きなさい。

**【教子のメモ】**

> お祭りのダンスイベント
> ・（　　ア　　）曜日に行われる。
> ・集合時刻は午後（　　イ　　）。
> ・集合場所は音楽ホール。
> ・Tシャツの色は（　　ウ　　）色。

✎メモ

お祭り:
□曜日～□曜日
ダンスイベント:
□日目
開始時刻: 午後□時
集合時刻: □分前
Tシャツの色: □色

**No.2**　ケイトと英太の対話を聞いて，【英太のメモ】のア，イ，ウにあてはまる言葉を日本語または数字で書きなさい。

**【英太のメモ】**

> ・古い建物は（　　ア　　）である。
> ・約（　　イ　　）年前に建てられ，学校として使われていた。
> ・昔の人々がどのように（　　ウ　　）していたかを見ることができる。

⚠ ミスに注意

アクセントに注意して数を聞き取ろう。

| | | | | | |
|---|---|---|---|---|---|
| No.1 | ア | | イ | | ウ |
| No.2 | ア | | イ | | ウ |

**No.1**　マイクとリサの対話を聞いて，対話のあとに【リサがナンシーの留守番電話に残したメッセージ】の**ア，イ**にあてはまる言葉を英語または数字で書きなさい。

【リサがナンシーの留守番電話に残したメッセージ】

Hi, Nancy.　This is Lisa.

Mike's brother is going to stay in Fukuoka for three weeks.

So Mike and I have decided to take him to a ramen shop next（　ア　）.

They will come to my house at（　イ　）, and we will walk to the shop.

If you want to join us, please tell me.

**No.2**　ジェームスとアヤの対話を聞いて，対話のあとに【アヤがジェームスに送ったメール】の**ア，イ**にあてはまる言葉を英語で書きなさい。

【アヤがジェームスに送ったメール】

Hi, James.

I enjoyed the concert today.

I am happy because I can（　ア　）how to play the violin from you.

I will see you at your house on（　イ　）.

| | | | | |
|---|---|---|---|---|
| No.1 | ア | | イ | |
| No.2 | ア | | イ | |

## 第5章　　　対話と質問（複数）

- 音声を聞く前に，問題文をよく読み，登場人物の名前や立場を把握しよう。
- 音声を聞く前に，選択肢（と質問）から聞き取る内容をしぼろう。
- 音声を聞きながら，「誰が何をした」に関する内容をメモしよう。

**基本問題**　難易度 ★★★☆☆　🎧11　　正答数 [1回目] [2回目] ／ 4　解答 ➡ P25

　ALTのブラウン先生とケンジの対話を聞いて，次の質問に対する答えとして最もふさわしいものを，**ア**，**イ**，**ウ**から1つ選び，記号を書きなさい。

**No.1**　What happened to Kenji's basketball team last week?
- **ア**　His team won the game.
- **イ**　His team lost the game.
- **ウ**　His team became stronger by practicing hard.

**No.2**　How does Kenji feel when he makes mistakes in the basketball game?
- **ア**　He always feels sorry for his friends in his team.
- **イ**　He doesn't understand how he feels.
- **ウ**　He is encouraged by making mistakes.

**No.3**　When will Kenji have his next game?
- **ア**　He will have it in December.
- **イ**　He will have it in November.
- **ウ**　He will have it in October.

**No.4**　Which is true?
- **ア**　Kenji learned that he could improve his basketball skills by making mistakes.
- **イ**　Kenji was encouraged by his friend's words and smile.
- **ウ**　Kenji has played basketball for ten years in America.

📝メモ
- 先週の試合でケンジのチームは[　]た。
- ブラウン先生は[　]で[　]年間バスケットボールをしていた。
- ケンジはミスをすると[　]に[　]と思う。
- ブラウン先生はミスをすると[　]に[　]いた。
- しかし，ブラウン先生の友達がまた[　]すればいいと言った。その[　]と[　]に励まされた。
- ケンジはブラウン先生からとても[　]なことを学んだ。今ではミスをすることで[　]の技術が[　]すると信じている。
- ケンジの次の[　]は[　]月にある。
- ブラウン先生は[　]を楽しみにしている。
- ケンジは[　]つもりだ。

| No.1 | | No.2 | | No.3 | | No.4 | |
|------|--|------|--|------|--|------|--|

ダイキとキャシーの春休みの予定についての対話を聞いて，そのあとの質問に対する答えとして最もふさわしいものを，**ア，イ，ウ，エ**から1つ選び，記号を書きなさい。

## No.1
　ア　He lived in Tokyo.
　イ　He lived in Sydney.
　ウ　He lived in Osaka.
　エ　He lived in America.

## No.2
　ア　Cathy will.
　イ　Sam will.
　ウ　Sam's parents will.
　エ　Kate will.

## No.3
　ア　Yes, she does.
　イ　No, she doesn't.
　ウ　Yes, she has.
　エ　No, she hasn't.

## No.4
　ア　She likes to send e-mails.
　イ　She likes to go shopping.
　ウ　She likes to go to the zoo.
　エ　She likes to take pictures.

| No.1 | | No.2 | | No.3 | | No.4 | |
|------|---|------|---|------|---|------|---|

## 第6章　　　　英文と質問（複数）

- 音声を聞く前に，問題文をよく読み，話をする人の名前や立場を把握しよう。
- 音声を聞く前に，選択肢（と質問）から聞き取る内容をしぼろう。
- 音声を聞きながら，キーワードをメモしよう。

**基本問題**　難易度 ★★★☆☆　◎13　正答数 1回目□ 2回目□ ／3　解答 ➡ P29

　ALTのグリーン先生が夏休みの宿題について話をします。それを聞いて，次の質問に対する答えとして最もふさわしいものを，ア，イ，ウ，エから1つ選び，記号を書きなさい。

**No.1**　生徒たちには，どのような宿題が出されましたか。
- ア　A report about one of the problems written in the textbook.
- イ　A report about what the students did during summer vacation.
- ウ　A report about how to use the city library.
- エ　A report about people around the world.

**No.2**　教科書には，何をしなければならないと書いてありましたか。
- ア　To read books in the city library for the report.
- イ　To finish writing a report about the problems in our environment.
- ウ　To learn about how the Internet can help the students.
- エ　To keep thinking about protecting our environment.

**No.3**　生徒たちは，いつ先生に宿題を提出しなければなりませんか。
- ア　After the next class.
- イ　At the end of summer vacation.
- ウ　At the first class after summer vacation.
- エ　At the last class of this year.

📝**メモ**

- ・□　前の□。明日から□日間の休みに入る。
- ・□問題についてのレポートを書く。英単語を□語以上使う。
- ・□についての□を読み終えた。
- ・□の中で□がある問題を選ぶ。
- ・□には□の誰もが環境を□について考え続けなければならないと書いてある。
- ・詳しく知りたい人は□や□の本を利用する。
- ・□でレポートを提出する。

| No.1 | | No.2 | | No.3 | |
|------|--|------|--|------|--|

教子が祖母の誕生日パーティーについて話をします。それを聞いて，そのあとの質問に対する答えとして最もふさわしいものを，ア，イ，ウ，エから1つ選び，記号を書きなさい。

## No.1

ア　Kyoko's grandmother did.

イ　Kyoko's mother did.

ウ　Kyoko's father did.

エ　Kyoko did.

## No.2

ア　Because Kyoko makes a birthday cake every year.

イ　Because Kyoko couldn't buy a cake at the cake shop.

ウ　Because Kyoko's grandmother asked her to make a cake.

エ　Because Kyoko's grandmother made a bag for her.

## No.3

ア　Nine hours.

イ　Six hours.

ウ　Four hours.

エ　One hour.

## No.4

ア　She enjoyed a special lunch with her grandmother.

イ　She sang a birthday song for her grandmother with her parents.

ウ　She said to her grandmother, "Thank you."

エ　She showed the bag to her grandmother.

| No.1 | | No.2 | | No.3 | | No.4 | |
|---|---|---|---|---|---|---|---|

## 第7章　　　　作　文

- 音声を聞く前に，登場人物と作文の条件を確認しよう。
- 本文→質問の順で放送されることが多い。質問は確実に聞き取ろう。
- 自信のない表現は避け，自分が正しく書ける表現を使って英文を作ろう。

**基本問題**　難易度 ★★★★☆　15　正答数 1回目 [　] 2回目 [　] ／2　解答 ➡ P33

**No.1**　ジョンと教子の対話を聞いて，教子の最後の問いかけに対する答えを，ジョンに代わって英文で書きなさい。

転校していくクラスメートにしてあげられることを書こう。We can 〜「(僕らは)〜できる」の書き出しではじめよう。

**No.2**　ALTのデイビッド先生の話を聞いて，先生の指示に対するあなたの答えを2文以上の英文で書きなさい。

2文以上で書くよ。質問で2つのことを聞かれるから，それぞれ1文ずつ書こう。1文目は主語+can〜「〜できる」の形で書くといいね。
2文目の理由は
It's because 〜.
「それは〜だからだ」を使おう。

| No.1 | |
|------|--|
| No.2 | |

－ 17 －

カナダの高校に留学にきた日本の生徒たちに向けてルーシーが学校の案内をします。その説明を聞いて，次の各問いに答えなさい。

　**No.1**では，そのあとの質問に対する答えとして最もふさわしいものを，**ア，イ，ウ，エ**から１つ選び，記号を書きなさい。

　**No.2** では，質問に対する答えをルーシーが説明した内容に合うように英文で書きなさい。

　**No.3** では，質問に対するあなたの答えを英文で書きなさい。

## No.1

　ア　In the gym.

　イ　In the library.

　ウ　In the lunch room.

　エ　In front of their school.

## No.2 （質問に対する答えを英文で書く）

## No.3 （質問に対する答えを英文で書く）

| No.1 | |
|------|---|
| No.2 | |
| No.3 | |

# CDトラックナンバー 一覧

🔊 **音声の聴き方**

　ＣＤで音声を聴くことができます。ＣＤ以外でも，教英出版ウェブサイトでＩＤ番号を入力して音声を聴くことができます。ＩＤ番号を入力して音声を聴く方法は，都道府県版（別冊）の1ページをご覧ください。